Enrique **Ruloff**

# El líder siervo
## La esencia del líder es el carácter de Cristo

"Un acercamiento a los cánticos del Siervo sufriente del profeta Isaías comparado con Jesús y el líder de hoy"

EL AGUILA
ediciones

Ruloff, Enrique Luis
   El líder siervo : la esencia del líder es el carácter de Cristo. - 2a ed. - Olivos : el autor, 2014.
   120 p. ; 21x14 cm.

ISBN 978-987-33-5118-1

1. Liderazgo Cristiano. I. Título.
CDD 262.1

El lider siervo. La esencia del líder es el carácter de Cristo
2º edición

Copyright 2014 por Enrique Luis Ruloff
Borges 3247 (1636) Olivos. Buenos Aires, Argentina

ISBN 978-987-33-5118-1
Hecho el depósito que marca la ley 11.723

Queda prohibida la reproducción total o parcial de este material, sin previa autorización del autor.

Diseño de portada e interior: DAF - Comunicación Gráfica
dafcg@telecentro.com.ar

Producido en Argentina
Mayo de 2014 por Enrique Luis Ruloff

Para contactarse con el autor:
E-mail: enriqueruloff@hotmail.com o fit.director@yahoo.com
Facebook: Enrique Ruloff - Escritor
Twitter: @EnriqueRuloff
Tel. (+54) 011-4799-8533

Impreso en Argentina - Printed in Argentina
Impreso en Junio de 2014 en Roberto Grancharoff e Hijos
Tapalqué 5868, Buenos Aires, Argentina. (011) 4683-1405

# Dedicatoria

A mi familia, cuyo apoyo lo he tenido incondicionalmente,
sin lo cual sería imposible llegar hasta aquí.

A cada persona que fue de influencia en mi vida
y a quienes humildemente
pude hacer algún tipo de impacto.

A todos aquellos que están sirviendo a Dios
de manera anónima y que también están sufriendo
por la causa de Jesús.

A Las próximas generaciones de líderes, para que sean
formados con los fundamentos
de la Palabra.

E. R.

# Contenido

Dedicatoria
Tabla de contenido
Palabras de agradecimiento
Prólogo

**Capítulo Uno**
El siervo de Dios: Principio esencial     p. 11

**Capítulo Dos**
El siervo de Dios: Imagen de su misión     p. 15

**Capítulo Tres**
El siervo de Dios: Relación con el Señor     p. 23
A.    Dios lo llama
B.    Dios se complace en él
C.    Dios pone su Espíritu en él

**Capítulo Cuatro**
El siervo de Dios: Características de su ministerio     p. 33
A.    No grita
B.    No destruye al que está herido
C.    No se cansa ni desmaya hasta lograr su objetivo

**Capítulo Cinco**
El siervo de Dios: Bases de su autoridad     p.43
A.    Despierta mañana tras mañana
B.    Oye bien
C.    Tiene lengua de discípulo
D.    Es obediente y avanza hacia la meta

## Capítulo Seis
Él siervo de Dios: Respaldo de su ministerio   p. 55
A. Deja herir su cuerpo y sus mejillas
B. Presta su rostro para las injurias
C. Experimenta la injusticia a flor de piel

## Capítulo Siete
El siervo de Dios: Contenido de su ministerio   p. 65
A. Trae justicia a las naciones
B. Trae libertad a los presos
C. Trae luz a los ciegos y a los que andan en tinieblas
D. Trae sanidad a los enfermos

## Capítulo Ocho
Él siervo de Dios: Promesas para su ministerio   p. 79
A. Dios lo sostiene y lo guarda
B. Dios lo pone como pacto para el pueblo
C. Dios lo justifica
D. Dios lo pone en alto y lo prospera
E. Dios lo resucita

## Capítulo Nueve
Él siervo de Dios: Propósitos de su ministerio   p. 95
A. Reconoce a Dios como Señor del universo
B. Da gloria
C. Ofrece alabanza

Conclusión   p. 101

Bibliografía   p. 103

Apéndice A
Como usar este libro para estudiar con un grupo   p.105

# Palabras de agradecimiento

Agradezco en primer lugar a Dios por mostrarme de manera práctica los que significa ser un líder siervo. Agradezco a mis padres, quienes con su ejemplo me enseñaron principios de liderazgo, si ellos mismos haber sido formados.

Agradezco a mi esposa Paula y a cada uno de nuestros cinco hijos por permitirme ejercer un liderazgo dentro de nuestra familia, y hacer que el mismo sea placentero.

Agradezco a cada alumno de los diversos seminarios e iglesias de Argentina, Perú, Guatemala, Brasil, Ecuador, Colombia y Estados Unidos, con quienes pude compartir varios de estos principios. Mi deseo es que el Siervo por Excelencia complete la obra que ha comenzado en cada uno de nosotros.

Agradezco a cada hermano y hermana de las diferentes congregaciones que hemos pastoreado a lo largo de más de veinte años. Cada situación difícil o placentera, fue una inspiración para nuestra formación y crecimiento. No solo aprendimos a conocer a la gente, sino a conocernos a nosotros mismos.

Agradezco a cada profesor de los diferentes seminarios donde fui estudiando para llegar hasta aquí. Dios los ha usado para mi formación no solo teológica sino también cristiana, y en especial como un líder siervo. Gracias al equipo educativo del Seminario Bíblico Kyrios por creer en mí y ayudarme a completar esta etapa en mi formación. En todo tiempo traté de poner lo mejor de mí porque considero que Dios se lo merece así.

# Prólogo

Hace algunos años fui movido por el Señor a dedicarle un tiempo extendido de estudio al libro de Isaías. Aunque había leído muchas veces las porciones más conocidas de este profeta, nunca había asumido el desafío de "acampar" por un tiempo, en los majestuosos pasajes que forman parte de uno de los más importantes textos del Antiguo Pacto.

Siempre he disfrutado de manera singular la lectura de las Escrituras. No obstante, mi paso por Isaías constituyó una de las experiencias más enriquecedoras de los treinta años que tengo como hijo de Dios. Descubrí que me acercaba notablemente al corazón de nuestro Señor, ofreciendo una perspectiva de intimidad y ternura que complementaba admirablemente los textos del Nuevo Testamento. La magnificencia del retrato que presenta de Cristo es tal que, en ocasiones, he llegado a referirme al libro como el "Evangelio según Isaías".

Necesitamos, más que nunca, volver a recuperar la imagen nítida del corazón del Mesías que nos presenta Isaías. Vivimos en un tiempo en que la palabra "liderazgo" se ha tornado sinónima de las filosofías empresariales más populares del momento. El Jesús que muchas congregaciones presentan al mundo hoy guarda pocas similitudes con el hombre al que uno de sus discípulos describió como "lleno de gracia y verdad". Su persona ha sido desfigurada y distorsionada por la tendencia, siempre presente en nosotros, a fabricarnos dioses a nuestra propia imagen y semejanza. No obstante, el magnetismo y misterio que rodean el paso del Hijo de Dios por la tierra continúan despertando en multitudes el deseo de conocerlo más de cerca.

Este libro puede ser un buen punto de inicio para quienes desean volver a recuperar una imagen más fiel de la persona de Cristo. En el Líder Siervo, Enrique Ruloff utiliza cuatro pasajes del texto de Isaías para resaltar los valores, las convicciones y los principios que respaldaban la vida pública y privada del Señor. Mediante el uso de un lenguaje sencillo y atractivo descubre para nosotros el perfil menos comprendido del Mesías, que es su capacidad de combinar con tanta gracia el rol de líder y siervo.

En las reflexiones que el autor comparte descubrimos que los secretos en el ministerio de Cristo no descansaban en los métodos que utilizaba sino en la clase de persona que Él era, No cabe duda que es en este punto donde muchos líderes hoy exhiben la mayor debilidad.

Es en esta dirección, entonces, que debemos dirigir nuestra mirada si es que vamos a acercarnos a los secretos que hicieron de Jesús un hombre enteramente entregado a los propósitos de Dios. Un ministerio efectivo y agradable al Padre siempre es la expresión más fiel de una vida interior ordenada e intensa. Isaías nos lleva más allá de las palabras y obras de Cristo, para descubrir la esencia misma de su persona y las intimidades de su relación con el Padre.

Tengo absoluta convicción de que el deseo de Enrique, al compartir estas reflexiones con nosotros, no es presentarnos un retrato acabado de la persona de Jesús, sino despertar en cada uno de nosotros el deseo de avanzar hacia nuevas profundidades en los asuntos de Dios. La lectura de este libro habrá cumplido en nosotros un valioso propósito, si logra estimularnos hacia un mayor acercamiento al texto bíblico y un renovado compromiso con el Señor. Lo animo a que no conserve la imagen del Cristo que le han contado, sino que se atreva a salir en pos de un conocimiento más genuino y real de él. Abra su vida a los tesoros que le son confiados a los que lo buscan "de todo corazón".

Chris Shaw, Buenos Aires, septiembre del 2006

# Capítulo 1
# El siervo de Dios:
# Principio esencial

Cuando pensamos en liderazgo, por lo general pensamos en habilidades funcionales. Si pudiéramos resumir en pocas palabras los requisitos básicos para ser un líder cristiano, podríamos hacerlo con tres requisitos básicos: 1. Ser llamado por Dios, 2. Tener el carácter de Jesús y 3. Poseer habilidades funcionales. Podemos encontrar muchísima literatura sobre el concepto de llamado al ministerio o sobre las habilidades funcionales de un buen líder, pero no encontramos abundante literatura sobre el requisito de poseer el carácter de Jesús, especialmente el de ser siervos.

Gran parte de la mayoría de los libros que utilizan algún ejemplo bíblico para hablar de liderazgo se remiten al ejemplo de Nehemías, Moisés, David, Pablo y otros, haciendo especial énfasis en las habilidades funcionales que tenían como líderes para delegar, organizar y llevar a cabo la tarea encomendada. Pero no hay mucho material enfocado en la característica de siervo. De modo entonces, que el presente libro tiene como objetivo principal enfocar la mira en los cuatro cánticos del "siervo sufriente" que hallamos en el libro de Isaías, en los capítulos 42:1-9; 49:1-6; 50:4-11 y 52:13 – 53:12. A su vez el objetivo es tratar de establecer un triángulo o una trilogía entre el Siervo sufriente de Isaías, comparándolo con el Jesús del Nuevo Testamento y nosotros hoy.

El líder siervo

El propósito de este libro es tratar de recordar ciertas características que son necesarias en un verdadero siervo; si queremos ser reconocidos por los frutos. Para ello inevitablemente necesitamos detenernos a observar de cerca al Siervo de Siervos y Señor de Señores, del cual se ha dicho y escrito tremendas palabras.

Un conocido ensayo escrito hace muchos años por un autor anónimo, dice lo siguiente acerca de Jesús: "Han transcurrido XIX largos siglos, y hoy el Señor es el centro de la raza humana y líder de la columna del progreso. Estoy absolutamente dentro de la verdad cuando digo que todos los ejércitos que jamás hayan marchado, todas las marinas de guerra que alguna vez se hayan formado, todos los parlamentos que jamás se hayan reunido, en conjunto, no han afectado la vida del hombre en esta tierra tan poderosamente como lo ha afectado aquella sola vida".[1]

George Buttrick, en un artículo publicado en la revista Life, agrega: "Jesús dio a la historia un nuevo comienzo. En todas partes de la tierra, Él está como en casa........ El día de su nacimiento se observa en todo el mundo. El día de su muerte se ha hecho que se proyecte una horca en el horizonte de todas las ciudades.[2]

Aún Napoleón admitió lo siguiente: "Conozco a los hombres, y les digo que Jesucristo no fue un mero hombre. Entre Él y cualquiera otro en el mundo no hay ningún posible término de comparación.[3]

Tal es el testimonio de cientos de personas, que de una u otra manera han influido en el transcurso de la historia humana. La pregunta es: ¿Qué es lo que diferencia a Jesús de otros hombres de Dios?. Jesús muy pocas veces se detuvo a describirse a sí mismo, pero cuando lo hizo impactó por la eternidad su autoevaluación, cuando dijo: *"Porque el Hijo del Hombre no vino para ser servido, sino para servir, y para dar su vida en rescate por muchos"* (Marcos 10:45).

---
[1] Charles R. Swindoll. Desafío a servir. Puerto Rico, Betania, 1983. Pp. 155.
[2] Ibid pp. 155.
[3] Ibid pp. 155.

## El siervo de Dios: Principio esencial

A diferencia de los más influyentes tipos de celebridades, la descripción que Jesús hace de sí mismo no se parece a la del personaje popular que nos hemos acostumbrado a oír o leer en afiches de propaganda de algún evento cristiano. Por ejemplo, ¿qué les parece la siguiente presentación, que dicho sea, está muy popularizado hoy en día?: "Llegará a nuestra ciudad, para dar una serie de conferencias, un hombre que ha viajado ampliamente, que ha escrito varios libros, cuyo nombre es conocido por la mayor parte de la familia de Dios: "Un individuo fenomenal.... Sumamente solicitado en todo el mundo....¡Él conferencista más buscado hoy![4].

Con una presentación así nos da la sensación de que estamos frente a una super estrella cristiana. Otra frase muy utilizada hoy día para presentar a alguien es la siguiente: "Está entre nosotros un gran siervo de Dios". En esta frase existe una paradoja, si es siervo entonces no es grande, si es grande, entonces no es siervo; pero estas dos palabras nunca pueden estar juntas al referirse a un humano como nosotros. Este tipo de presentaciones está muy lejos de la manera en como Jesús se describió a sí mismo, al decir en otra oportunidad: *"Venid a mi todos los que están cargados y cansados de sus trabajos....... y aprended de mi, que soy manso y humilde de corazón; y hallareis descanso para vuestras almas"* (Mateo 11:28-29). Soy "manso", soy "humilde", estos son calificativos que se aplican al siervo.

A través de estas páginas quiero desafiarte a que abras tu corazón a lo esencial y trascendente. El enemigo quiere distraernos con actitudes de auto promoción, quiere que creamos que ministrar a multitudes es más importante que ministrar a personas. Pero para Dios tiene más valor nuestro corazón que nuestros dones; vale más lo que somos, que lo que hacemos. El Señor anhela que nos interesemos primero en él, antes que en las cosas que tienen que ver con él. Perder esto de vista es tan fácil como perder el norte en medio de un desierto.

Este libro es un aporte para ayudarnos a mantener nuestro corazón enfocado en lo que es esencial.

---
[4] Ibid pp. 156.

# Capítulo 2
# El siervo de Dios: Imagen de su misión

Para tener presente los pasajes centrales, transcribiremos los cuatro cánticos del Siervo sufriente en el orden en que aparecen en el libro de Isaías, según la Nueva Versión Internacional.

*"Éste es mi siervo, a quien sostengo, mi escogido, en quien me deleito; sobre él he puesto mi Espíritu, y llevará justicia a las naciones. No clamará, ni gritará, ni alzará su voz por las calles.*
*No acabará de romper la caña quebrada, ni apagará la mecha que apenas arde. Con fidelidad hará justicia; no vacilará ni se desanimará hasta implantar la justicia en la tierra.*
*Las costas lejanas esperan su enseñanza.*
*Así dice Dios, el SEÑOR, el que creó y desplegó los cielos; el que expandió la tierra y todo lo que ella produce; el que da aliento al pueblo que la habita, y vida a los que en ella se mueven:*
*Yo, el SEÑOR, te he llamado en justicia; te he tomado de la mano. Yo te formé, yo te constituí como pacto para el pueblo, como luz para las naciones para abrir los ojos de los ciegos, para librar de la cárcel a los presos, y del calabozo a los que habitan en tinieblas.*
*Yo soy el SEÑOR; ¡ése es mi nombre! No entrego a otros mi gloria, ni mi alabanza a los ídolos.*
*Las cosas pasadas se han cumplido, y ahora anuncio cosas nuevas; ¡las anuncio antes que sucedan!" (Isaías 42:1-9).*

## El líder siervo

"Escúchenme, costas lejanas, oigan esto, naciones distantes: El SEÑOR me llamó antes de que yo naciera, en el vientre de mi madre pronunció mi nombre.
Hizo de mi boca una espada afilada, y me escondió en la sombra de su mano; me convirtió en una flecha pulida, y me escondió en su aljaba.
Me dijo: Israel, tú eres mi siervo; en ti seré glorificado.
Y respondí: En vano he trabajado; he gastado mis fuerzas sin provecho alguno.
Pero mi justicia está en manos del SEÑOR; mi recompensa está con mi Dios.
Y ahora dice el SEÑOR, que desde el seno materno me formó para que fuera yo su siervo, para hacer que Jacob se vuelva a él, que Israel se reúna a su alrededor; porque a los ojos del SEÑOR soy digno de honra, y mi Dios ha sido mi fortaleza: No es gran cosa que seas mi siervo, ni que restaures a las tribus de Jacob, ni que hagas volver a los de Israel, a quienes he preservado.
Yo te pongo ahora como luz para las naciones, a fin de que lleves mi salvación hasta los confines de la tierra" (Isaías 49:1-6).

"El SEÑOR omnipotente me ha concedido tener una lengua instruida, para sostener con mi palabra al fatigado. Todas las mañanas me despierta, y también me despierta el oído, para que escuche como los discípulos.
El SEÑOR omnipotente me ha abierto los oídos, y no he sido rebelde ni me he vuelto atrás.
Ofrecí mi espalda a los que me golpeaban, mis mejillas a los que me arrancaban la barba; ante las burlas y los escupitajos no escondí mi rostro.
Por cuanto el SEÑOR omnipotente me ayuda, no seré humillado.
Por eso endurecí mi rostro como el pedernal, y sé que no seré avergonzado.
Cercano está el que me justifica; ¿quién entonces contenderá conmigo? ¡Comparezcamos juntos! ¿Quién es mi acusador? ¡Que se me enfrente!
¡El SEÑOR omnipotente es quien me ayuda! ¿Quién me condena-

El siervo de Dios: Imagen de su misión

rá? Todos ellos se gastarán; como a la ropa, la polilla se los comerá.
¿Quién entre ustedes teme al SEÑOR y obedece la voz de su siervo?
Aunque camine en la oscuridad, y sin un rayo de luz, que confíe en el nombre del SEÑOR y dependa de su Dios.
Pero ustedes que encienden fuegos y preparan antorchas encendidas, caminen a la luz de su propio fuego y de las antorchas que han encendido.
Esto es lo que ustedes recibirán de mi mano: en medio de tormentos quedarán tendidos (Isaías 50:4-11).
"Miren, mi siervo triunfará; será exaltado, levantado y muy enaltecido.
Muchos se asombraron de él, pues tenía desfigurado el semblante; ¡nada de humano tenía su aspecto!
Del mismo modo, muchas naciones se asombrarán, y en su presencia enmudecerán los reyes, porque verán lo que no se les había anunciado, y entenderán lo que no habían oído.
¿Quién ha creído a nuestro mensaje y a quién se le ha revelado el poder del SEÑOR?
Creció en su presencia como vástago tierno, como raíz de tierra seca. No había en él belleza ni majestad alguna; su aspecto no era atractivo y nada en su apariencia lo hacía deseable.
Despreciado y rechazado por los hombres, varón de dolores, hecho para el sufrimiento. Todos evitaban mirarlo; fue despreciado, y no lo estimamos.
Ciertamente él cargó con nuestras enfermedades y soportó nuestros dolores, pero nosotros lo consideramos herido, golpeado por Dios, y humillado.
Él fue traspasado por nuestras rebeliones, y molido por nuestras iniquidades;
sobre él recayó el castigo, precio de nuestra paz, y gracias a sus heridas fuimos sanados.
Todos andábamos perdidos, como ovejas; cada uno seguía su propio camino,
pero el SEÑOR hizo recaer sobre él la iniquidad de todos nosotros.
Maltratado y humillado, ni siquiera abrió su boca; como cordero,

El líder siervo

> *fue llevado al matadero; como oveja, enmudeció ante su trasquilador; y ni siquiera abrió su boca.*
> *Después de aprehenderlo y juzgarlo, le dieron muerte; nadie se preocupó de su descendencia. Fue arrancado de la tierra de los vivientes, y golpeado por la transgresión de mi pueblo.*
> *Se le asignó un sepulcro con los malvados, y murió entre los malhechores, aunque nunca cometió violencia alguna, ni hubo engaño en su boca.*
> *Pero el SEÑOR quiso quebrantarlo y hacerlo sufrir, y como él ofreció su vida en expiación, verá su descendencia y prolongará sus días, y llevará a cabo la voluntad del SEÑOR.*
> *Después de su sufrimiento, verá la luz y quedará satisfecho; por su conocimiento mi siervo justo justificará a muchos, y cargará con las iniquidades de ellos.*
> *Por lo tanto, le daré un puesto entre los grandes, y repartirá el botín con los fuertes, porque derramó su vida hasta la muerte, y fue contado entre los transgresores.*
> *Cargó con el pecado de muchos, e intercedió por los pecadores"* (Isaías 52:13-53:12).

Jesús, luego de reinterpretar la ley de Moisés, en el conocido Sermón del Monte; ya finalizando su discurso, luego de haber hablado sobre el carácter del cristiano en las bienaventuranzas, de la misión de ser sal y luz, luego de hablar del amor al prójimo, la oración, la ineludible elección refiriéndose a las dos puertas y a las dos sendas, dice las siguientes palabras: *"No todo el que me dice Señor, Señor, entrará en el Reino de los Cielos, sino el que hace la voluntad de mi padre que está en los cielos"* (Mateo 7:21). Esta es una de las frases más fuertes que Jesús haya pronunciado en su ministerio terrenal, lo cual para muchos es un misterio, pero a la vez, es uno de los pasajes que menor importancia se le está dando en la actualidad.

El tema del líder siervo tiene como objetivo entonces analizar ciertas características y atributos del ministerio del Siervo presentado en el libro de Isaías. El término "siervo" o el verbo "servir" (ebed o abad en

El siervo de Dios: Imagen de su misión

hebreo) contienen la doble noción de trabajo y sumisión. Según que predomine uno u otro aspecto se tiene el sentido de trabajador o el de esclavo, y el mismo verbo puede ser traducido por actuar o por obedecer. Estos diferentes sentidos se encuentran tanto en el ámbito de la vida ordinaria como en el de la vida religiosa.[5]

Notemos el peculiar uso de esta palabra "siervo" en los cuatro pasajes del libro de Isaías, llamado los cantos o poemas del "Siervo de Yahve", los cuales veremos más de cerca. Estos pasajes son sumamente ricos en imágenes; además el autor hace amplio uso del lenguaje metafórico. Pero aún en los momentos en que no lo emplea, y habla más directamente, no por eso es más preciso, pues acumula las expresiones de tal forma que ganan ciertamente en sentimientos y fuerza, pero sigue quedando, como lo dijera Gerhard Von Rad, cierta vaguedad sin rigor conceptual.

¿Quién es el personaje así llamado en estos fragmentos poéticos cuyo contenido es tan rico para nuestro pensamiento cristiano?. He aquí uno de los problemas del Antiguo Testamento más discutido por los eruditos que han formulado numerosas hipótesis de interpretaciones. Nos es imposible y por otro lado no es pertinente a este tema ver detalladamente cada una de ellas, pero al menos mencionaremos sus líneas fundamentales. Para muchos, el "Siervo de Yahve", en estos capítulos debe representar a un personaje individual por oposición al pueblo, como lo vemos en Isaias 49:6 y 53:3-8, donde el Siervo tiene un papel que cumplir frente al pueblo; mientras en otros lugares de Isaías se designa generalmente al pueblo, como lo vemos en Isaías 44:21, por ejemplo, cuando el autor dice: "Recuerda estas cosas, Jacob, y tú Israel, porque mi siervo eres. Yo te he formado, siervo mío eres; Israel, no me olvidaré de ti".. Pero no se ha logrado el acuerdo cuando se trata de precisar a este personaje. ¿Pertenece al pasado, como ser: Moisés, David o alguno de sus descendientes; al presente: al profeta o el mismo autor; o al futuro: el Mesías, un rey glorioso de los últimos tiempos?.

---
[5] Jean-Jacques Von Allmen. Vocabulario Bíblico. Madrid, Ediciones Marova, 1968, pp. 319

## El líder siervo

Otros investigadores mantienen un sentido colectivo y no quieren ver en este siervo más que al mismo pueblo de Israel, del que se trata en los restantes pasajes del mismo libro.[6] Muchas hipótesis circulan alrededor nuestro, pero nosotros, como lo dice Alonso Schökel, montado en la carroza del Eunuco de Candaces y leyendo con él el pasaje de Isaías 53, nos sumamos a la pregunta: *"Por favor, ¿de quien dice el profeta?, ¿de si mismo o de otro?*. Felipe tomó la palabra y a partir de aquel pasaje, le dio la buena noticia de Jesús (Hechos 8:34 ss.) Jesús el Mesías quiso modelar su vida según el modelo de Isaías 53.[7] Es posible que Isaías escribió estos poemas sin saber claramente de quien se trataba, tampoco lo podemos afirmar, pero, en presencia de argumentos tan diversos, parece verosímil, como muchos subrayan hoy, admitir que esta noción del Siervo de Yahve es una noción "fluida" que pasa de la colectividad al individuo o del presente al futuro, sin que sea necesario introducir en esta expresión una lógica rigurosa, tal como lo exigiría nuestro espíritu moderno.

Lo que sí podemos decir es que Jesucristo vio en estos pasajes la imagen de su propia misión y que el siervo humillado y que sufre por los pecados de su pueblo es, para la iglesia cristiana, el anuncio profético del Cristo resucitado para la salvación del mundo. Lo mismo que la persona de Cristo es una individualidad perfectamente definida, pero el cuerpo de Cristo es también la realidad de la iglesia, como lo vemos descrito en 1 Corintios 12:27. Del mismo modo el "Siervo de Yahve" designa a la comunidad de creyentes de la antigua alianza tanto como a la persona particular a la que Dios confió la misión de la salvación de las naciones. A esa persona encarnó Jesús durante su venida a la tierra. La compenetración del sentido individual y del sentido colectivo corresponde además perfectamente al pensamiento de los escritores bíblicos que no separaban al individuo de la comunidad en la vida religiosa de Israel.[8]

En Jesús, la figura poética de estos cuatro pasajes, se ha hecho realidad.

---

[6] Ibid, pp. 320
[7] L. Alonso Schokel y J. L. Sicre Diaz. Profetas. Tomo I. Madrid, Cristiandad, 1980, pp. 334
[8] Jean-Jacques Von Allmen. Vocabulario Biblico. Madrid, Ediciones Marova, 1968, pp. 320

## El siervo de Dios: Imagen de su misión

En Él se cumplieron estos pasajes, como también el de Isaías 61:1-2 en Lucas 4:18-21. De hecho, el "Siervo" es la figura a la que se refiere Jesús. Particularmente se aplica el pasaje de Isaías 53:12 en Lucas 22:37; y la palabra de Juan el Bautista en Juan 1:29 es una alusión límpida a Isaías 53:6-7. Todo el capitulo 53 "que parece haber sido escrito bajo la cruz del Golgota" como lo dijera Dieltzsch, es una aproximación a la obra expiatoria de Jesús; a tal punto que se lo ha llamado, y con certeza, el quinto Evangelio.

No afirmamos que los poemas se refieren a Jesús, tampoco es nuestro interés; pero sí, el presente trabajo se ha desarrollado bajo la perspectiva de que en Jesús se cumple tal escritura. De modo que para una mejor lectura, cada vez que usted lea "Siervo de Yahve" estaremos haciendo referencia al protagonista de los cuatro cánticos sufrientes; y cada vez que hablemos de siervo de Dios, no solamente haremos referencia en forma exclusiva a los lideres y/o pastores de hoy, sino también a cada creyente, ya que partimos de la base del sacerdocio de todos los creyentes como lo afirman tanto 1 Pedro 2:9-10 y Apocalipsis 1:6.

¿Quién es el autor de estos poemas? Algunos hablan de un Deutero Isaías, escrito durante o después del exilio. Tampoco es nuestro interés entrar a discutir sobre la autoría, más bien queremos rescatar características y atributos del "Siervo" y de su ministerio, y tratar de aplicarlos a la realidad del siervo de Dios hoy. Además que lo haya escrito Isaías, un Deutero o un Trito, como algunos sugieren, no le quita el valor espiritual del texto. Hacia allí nos dirigimos. De modo que le invito amigo/a lectora/a que me acompañe en este peregrinaje con un corazón y una mente abierta para que el Espíritu Santo pueda ministrarle no solamente en su intelecto, sino también en su espíritu.

# Capítulo 3
# El siervo de Dios: Relación con el Señor

Es en el ámbito religioso donde el término "siervo" adquiere un sentido más rico: El siervo es aquel que está sometido a Dios y trabaja en su servicio, en el ámbito ritual y litúrgico; como también es una actitud moral del pueblo o del hombre frente a Dios en la obediencia a los mandamientos. Todas las relaciones entre Dios y su pueblo se encuentran expresadas en esta afirmación: Dios llama a Israel su siervo porque Él lo ha escogido y le exige una obediencia exclusiva a su voluntad, el temor y la fidelidad, el amor y la confianza.

En Isaías 42:1 y 49:1 leemos lo siguiente, respectivamente: "He aquí mi siervo, a quien yo sostengo, MI ESCOGIDO....". *"Escuchadme, Isaías, y atended, pueblos lejanos. Él Señor me llamó desde el seno materno, desde las entrañas de mi madre mencionó mi nombre"*. El solo hecho de pensar en esto llena mi corazón de emoción y gratitud, porque en mi caso personal tengo una sensación del llamado al ministerio desde mi tierna infancia cuando tenía alrededor de 4 o 5 años de edad. En aquel entonces me encontraba en casa de mis padres creciendo en el campo sin saber todo lo que esa sensación de llamado depararía para mi futuro. Recuerdo que muchos años después, cuando me encontraba en un tiempo de crisis, Dios me habló al respecto y me dijo "desde muy temprano yo te llamé". Por lo tanto, el primer requisito que encontramos en este siervo es que ha sido llamado por Dios.

El líder siervo

## A. Dios lo llama

Sabemos que Jesús fue escogido desde antes de la fundación del mundo para realizar la tarea que le fue encomendado. La vida, la muerte y la expiación de Jesús por nuestros pecados no fue algo improvisado; Dios ya lo había planeado en la eternidad, y cuando se cumplió el tiempo exacto, Dios lo envió al mundo, como lo dice el apóstol Pablo en Gálatas 4:4a *"Pero cuando vino la plenitud del tiempo, Dios envió a su Hijo"*.

La palabra escoger en la Biblia tiene una connotación bastante amplia. Von Allmen desarrolla este concepto ampliamente. Él dice que la noción de elección en el Antiguo Testamento descansa en el verbo escoger (Bahar), cuyo sentido inicial es: echar una mirada rápida, como el animal acosado mira al cazador. De esta primera significación ha quedado la idea de examinar, luego de escoger. La selección, sea cual fuere, supone siempre un examen, una consideración en la que el elemento intelectual interviene mucho más que el elemento sentimental.

Se sopesan los pro y los contras, y se escoge en consecuencia. Sin embargo, esta elección no es separable de un sentimiento de preferencia o de favor: lo que se escoge es aquello que se ama o gusta más, de suerte que el verbo escoger significa también amar. En el Antiguo Testamento Dios ha escogido un pueblo, al de Israel de entre los otros pueblos, para hacer de él su propio pueblo. La elección corresponde, pues, al amor de Dios hacia su pueblo. Pero también el Antiguo Testamento habla de una elección que se dirige a individuos en particular. Los hombres de Dios son escogidos por Él: Abraham (Nehemías 9:7), Moisés (Salmo 105:26), David (Salmo 78:70). También los sacerdotes son objeto de la elección de Dios (Deuteronomio 18:5; 2 Crónicas 29:11). Igualmente son escogidos los profetas y los reyes. En esta elección encontramos la idea, a saber, que la elección de Dios no es arbitraria, aunque sí enteramente libre y carente de explicación racional. Esta acción se realiza con vista a una misión o a un servicio que se confía al hombre así designado. Tan esencial es esto que, en muchos textos, la elección de Dios aparece en forma particular, incluso fuera del pueblo de Israel. Dios escoge a las naciones

El siervo de Dios: Relación con el Señor

o a los hombres para que le sirvan de instrumentos en la realización de su plan, aún cuando estas naciones o estos hombres sean paganos (Jeremías 27:32; 25:9; Éxodo 14:17-18; Isaías 45:1; Esdras 1:1-3).[9]

Él llamado del siervo es muy similar al de Jeremías, el cual se cumple en la concepción virginal en María; ya que el fue llamado Jesús por Dios, desde el seno de su madre, porque vendría para salvar al mundo, como lo describe Mateo 1:21 *"Y dará a luz un hijo, y le pondrás por nombre Jesús, porque Él salvará a su pueblo de sus pecados"*. Es ese llamado lo que le autorizó a Jesús hacer lo que Él hizo, es ese llamado del cual Jesús estaba absolutamente seguro lo que respaldó todo su ministerio.

El verbo llamar, kaleo en griego, pertenece al lenguaje propio de la Biblia, y recibe un sentido radicalmente nuevo cuando Dios es el sujeto.[10] Es Dios quien escoge al hombre y es Dios quien lo llama para un ministerio específico. Todos los creyentes en Cristo somos escogidos y tenemos una misión general (1 Pedro 2:9-10), pero no todos los escogidos tienen el mismo llamado especifico a un mismo ministerio, y es allí donde ra-dica el problema.

Por lo general nuestras iglesias votan en asamblea los cargos, pero si la persona no tiene un llamado divino, aunque tenga la gran mayoría de los votos, está destinado a la frustración. Hay muchos cristianos heridos que no pueden redimir el sufrimiento que el ministerio les ha causado porque no habían sido llamados para desarrollar esa tarea y simplemente entraron como voluntarios.

Hay muchos escogidos (léase cristianos) que creen que han sido llamados por Dios par aun ministerio especifico, cuando en realidad no lo son, y en el menor de los obstáculos se quiebran al no tener esa fibra de cedro que se requiere para cualquier tipo de ministerio en el cual uno se encuentra expuesto a las críticas. No todos los escogidos son maestros, ni todos evangelistas, ni todos pastores o líderes. A cada uno

---

[9] Iean-Jacques Von Allmen. Vocabulario Biblico. Madrid, Ediciones Marova, 1968, pp. 96-98.
[10] Iean-Jacques Von Allmen. Vocabulario Biblico. Madrid, Ediciones Marova, 1968, pp. 186.

El líder siervo

de nosotros, Dios por medio de su Espíritu, nos ha repartido dones (1 Corintios 12:1-11), y ministerios.

Dios es, en efecto, por definición, "aquel que llama" (Romanos 9:12; Gálatas 5:8). Lo hace según su propio designio (2 Timoteo 1:9). El ha tomado la iniciativa desde el comienzo, negándose a abandonar a su criatura caída: *"Dios llamó a Adán y le dijo: Adán, ¿dónde estás?"*. De esa manera abrió el diálogo que no ha dejado de proseguir. La llamada procede de la gracia y de la misericordia de Dios manifiesta en Jesucristo, por el Evangelio y no por mérito nuestro.

Jean-Jacques Von Allmen en su vocabulario bíblico nos dice lo siguiente: "Aquel que, durante su ministerio terrestre, llamaba a los hombres con una autoridad que no podía tener más que de su Padre, continua ahora llamándolos por su Espíritu Santo. Recordando a los romanos su origen gentil, Pablo les escribe: *"Vosotros que habéis sido llamados por Jesucristo"* (1:6). Y en la acción de gracias triunfal que abre la carta a los Efesios, una variante de 1:11, apoyado en testigos muy fuertes, dice: *"En El (Cristo) habéis sido llamados"*. El que el único autor de la llamada sea Dios, en Cristo, permite al apóstol recoger, desarrollándola, la vigorosa expresión de Isaías 49:1 y Jeremías 1:5: *"Cuando aquel que me separó desde el vientre de mi madre y que me llamó por su gracia, le pareció bien revelar a su Hijo en mi"* (Gálatas 1:5).

La llamada previene la respuesta y la decisión del hombre, porque depende únicamente de la libertad de Dios, y Pablo expone también ese misterio cuando dice: *"Y a los que predestinó, a esos también llamó; y a los que llamó, a esos también justificó"* (Romanos 8:30). Esto es lo que lleva a Pablo a afirmar que su cualidad y su ministerio vienen sólo de Dios; *"yo que no soy digno de ser llamado apóstol......... pero por la gracia de Dios soy lo que soy"* (1 Corintios 15:9-10). [11]

Esta llamada de la gracia de Dios es traducida ordinariamente por vocación. Pero este término no tiene en el Nuevo Testamento el sentido,

---

[11] Jean-Jacques Von Allmen. Vocabulario Bíblico. Madrid, Ediciones Marova, 1968, pp. 187[1]

El siervo de Dios: Relación con el Señor

por lo demás confuso, que corrientemente se le da; expresa el primer paso de Dios en el comienzo de su revelación: la soberanía de aquel que llama no se confunde jamás con la efusión de los dones, de los talentos, de los gustos del hombre. Dios solo es sujeto del verbo, y el participio sustantivo (llamado) lo mismo que el sustantivo "vocacci" se refieren siempre a Él. Porque el que llama es Santo (1 Pedro 1:5), la vocación es calificada de "santa" (2 Timoteo 1:9), es "celestial" (Hebreos 3:1), viene de "arriba" (Filipenses 3:14), atributos todos que remiten al sujeto.[12]

Desde el punto de vista bíblico, no existe "el siervo de Dios" si este no fue escogido (nuevo nacimiento) y llamado (vocación-ministerio) por Dios. Por lo tanto, el que es escogido y llamado por Dios a un ministerio específico tiene que mostrar las características de un verdadero siervo. Jesús, en Mateo 7:21 nos dice que *"por los frutos los conoceremos"*. Y parte de esos frutos, como luego lo veremos, es el sufrimiento y la capacidad de aprender a redimir ese sufrimiento.

La pregunta que deberíamos hacernos es si hemos sido llamados por Dios para realizar la tarea o ministerio que estamos desarrollando o simplemente hemos sido votados en una asamblea, o nos hemos ofrecido voluntariamente. No debemos confundir votación con llamado, ni voluntariado con llamado.

**B. Dios se complace en él**

El segundo requisito que tenemos es la complacencia de Dios en su siervo, como lo expresa Isaías 42:1a *"He aquí mi siervo, a quien yo sostengo, mi escogido, en quien mi alma se complace"*. El verbo "complacer" según el diccionario de a lengua española significa: "acceder uno a lo que otro desea y puede serle útil o agradable. Alegrarse o tener satisfacción en alguna cosa. En griego el verbo es "eudokeo" que significa complacerse en algo, tener a bien, tomar contentamiento (Marcos 1:11; Lucas 12:32; 1 Corintios 1:21, etc.) Aparece 21 veces en el Nuevo Testamento. Él sustantivo "eudokias" puede ser traducido por: agrado, beneplácito, buena

---
[12] Iean-Jacques Von Allmen. Vocabulario Bíblico. Madrid, Ediciones Marova, 1968, pp.187

El líder siervo

voluntad; etc. Mateo 11:26; Lucas 2:14, 10:21; Efesios 1:5 (puro afecto); 1:9; Filipenses 1:15, 2:13 (benevolencia); voluntad, deseo, anhelo, bienquerencia; Romanos 10:1; intento (liberal) propósito; 2 Tesalonisenses 1:11. [13]

Ese contentamiento o complacencia, de acuerdo a los pasajes del Nuevo Testamento que se refieren a Jesús, se deriva de la obediencia del "siervo". Dios se contenta en Jesús en su bautismo, porque, aunque no lo necesitaba, obedeció y se dejó bautizar por Juan el Bautista en el río Jordán. La segunda vez que Dios habla de Jesús directamente es en el monte de la transfiguración, y Mateo 17:5 dice: *"Este es mi Hijo amado, en quien tengo complacencia, a Él oíd"*. Esta declaración es posterior a la decisión de Jesús de morir por el pecado del mundo, está directamente relacionada a la obediencia a su misión; como también, el pasaje de Mateo 12:15-21 esta inserto en medio del cumplimiento de su ministerio.

Hoy, al igual que en tiempos de Jesús, Dios quiere complacerse, agradarse en aquellos a los cuales ha escogido y llamado, pero, eso únicamente sucederá si los "siervos de Dios" obedecen los mandatos que Él ha preestablecido. La pregunta que cada cristiano, cada "siervo de Dios" deberíamos hacernos es: ¿se agrada o se complace Dios con lo que estoy haciendo o predicando?. Esto nos llevaría inevitablemente a escudriñar cual es nuestra misión como siervos del Dios altísimo. Cumpliendo esa misión, obedeciéndole, Dios se contentará con sus siervos. Para ser verdaderos siervos de Dios es necesario que Dios se contente con nosotros. Necesitamos recordar que podemos hacerle sentir a Dios orgulloso de nosotros. Si eso no sucede, entonces estaremos desligados de la voluntad de Dios.

La iglesia de Cristo está en un tiempo de crisis. Tenemos una crisis de fe. Miles de personas están buscando qué creer. Tenemos crisis de profundidad espiritual. Millones de personas nacidas de nuevo tienen la necesidad de profundidad espiritual. Ellos son inefectivos siervos de

---

[13] Jorge Fitch McKibben. Nuevo lexico griego-espanol del Nuevo Testamento. EUA, Casa Bautista de Publicaciones, 1978, pp. 124.

El siervo de Dios: Relación con el Señor

Dios porque no saben que han creído o cómo usar la fe para cambiar sus vidas, menos aún el mundo.

También tenemos una crisis de innovación. La iglesia parece estar temerosa de invertir en nuevos modelos de ser iglesia, rompiendo ataduras de antiguos modelos e irrelevantes tradiciones que impiden vivir el evangelio en el contexto del siglo XXI. Es tiempo de nuevos paradigmas en lo ministerial si queremos ser la iglesia que impacte a un mundo caído y alejado de Dios.

Pero por sobre todas las cosas, tenemos una crisis de liderazgo. Muchos de esas otras crisis serían buenas oportunidades para una transformación radical, si tuviéramos verdaderos líderes liderando la iglesia. La gente llegaría a ser intensamente cristiana, comprometidos al conocimiento, viviendo y compartiendo su fe si ellos tuvieran líderes que moldearan esa fe en acción y les fortalecieran para hacer lo mismo.

Si tuviéramos más verdaderos líderes, hombres y mujeres liderando cambios, experimentando y corriendo riesgos y creando nuevas oportunidades a través de la persecución de la visión divina, entonces podríamos influenciar las bases de nuestra sociedad. Los líderes siervos son la línea o el eslabón perdido para la sanidad de la iglesia.

Si Dios te ha llamado a liderar, lidera. Es tu privilegio, tu responsabilidad y tu gozo. Has uso de tu llamado, tus dones y tus habilidades. Lidera su gente de tal manera que Dios pueda sentirse orgulloso. Él libro de Job comienza con un dialogo entre Dios y Satanás que volvía de recorrer la tierra. Entonces Dios le pregunta a Satanás: *"¿Has observado a mi siervo Job que no hay otro justo como el sobre toda la tierra?"*. En otras palabras, Dios se sentía orgulloso por como Job estaba viviendo su vida como hijo y siervo de Dios sobre la tierra. ¿Podrá Él decir lo mismo cuando el acusador de nuestras almas se presenta a Dios para acusarnos?

**C. Dios pone su Espíritu en Él**

Parte de Isaías 42:1 dice: "......*He puesto mi Espíritu sobre Él...*" Él ministe-

El líder siervo

rio de Jesús comenzó luego que Dios pronunciara su complacencia en el por obedecerle, bautizándose en el río Jordán y luego lo repitió cuando Jesús decide morir por nosotros. Observemos que no está relacionado al desarrollo del ministerio de Jesús de la enseñanza, sanidad o liberación. Cuando Jesús salía del agua, el Espíritu Santo en forma de paloma descendió sobre Él, lo cual le permitió luego, en la sinagoga de Nazaret, apropiarse de las palabras de Isaías 61:1-2 cuando el profeta dice: *"El Espíritu del Señor Dios está sobre mi, porque me ha ungido el Señor para traer buenas nuevas a los afligidos; me ha enviado para vendar a los quebrantados de corazón, para proclamar libertad a los cautivos y liberación a los prisioneros; para proclamar el año favorable del Señor".* Y cuando Jesús en Lucas 4:21 dice: *"Hoy se ha cumplido esta escritura delante de vosotros"* no está queriendo decir que exactamente en ese día sábado el Espíritu de Dios vino sobre Jesús, sino que en Él se había encarnado esa promesa.

El siervo es un mediador carismático. El realizará su ministerio no con las armas o por la fuerza, sino con un nuevo estilo del Espíritu, el cual lo veremos más de cerca en el próximo capítulo. Por lo pronto sabemos que el Espíritu de Dios descansó sobre Él (Isaias 11:1-5) con todos sus atributos, como ser: sabiduría, inteligencia, prudencia, poder, conocimiento, obediencia, defensor de pobres y como hacedor de la justicia, entre otros. En contraste a los demás profetas, que tenían al Espíritu de Dios temporalmente, el "Siervo de Yahve" lo tendría descansando sobre sí al Espíritu del que lo envió para siempre.

Hoy día podemos encontrar muchos "siervos" que se apropian de esta promesa, de que son ungidos, pero su estilo de vida y de ministerio no refleja el estilo de aquel en quien sí se ha cumplido. Por otro lado, para llevar a cabo esta misión que Dios ha encomendado a su siervo, este inevitablemente necesita de esta unción especial.

Von Allmen, en su vocabulario bíblico desarrolla este término diciendo que en el Antiguo Testamento la unción o ungimiento estaba directamente relacionado con el aceite (Exodo 30:23 ss.), pero en el

El siervo de Dios: Relación con el Señor

Nuevo Testamento el aceite no es mencionado como "signo" visible de esta gracia invisible.

Esto es verdad primeramente respecto a Jesús, a quien, en su bautismo (Mateo 3:13 ss.) *"Dios ha ungido de Espíritu Santo y poder"* (Hechos 10:38). Él no es un ungido entre otros tantos, sino el Ungido por excelencia (En hebreo: Mesías, en griego: El Cristo). Este término "Cristo", que a partir de la primer generación cristiana parece haberse convertido en una oposición al nombre de Jesús, designa fundamentalmente un estado. Siendo el Cristo, es fundamentalmente y ante todo el Rey, el nuevo David esperado al final de los tiempos (Mateo 2:2, 21:15, 27:11; Lucas 23:2; Juan 12:13; Hechos 17:7; etc.) el que revaloriza y realiza todo lo que la monarquía ha significado bajo la antigua alianza.[14]

Cuando Dios escoge y llama a un hombre o a una mujer para un ministerio específico, también lo unge, lo capacita o pone su Espíritu sobre el o ella. La unción del Espíritu Santo no ha sido conferida sólo a Jesús. Después de su asenso, el Espíritu Santo ha sido difundido sobre la iglesia que, hasta la segunda venida de Cristo, le representa sobre la tierra y le sirve, continuando su obra escatológica de salvación (Hechos 2).

Esta unción del Espíritu está íntimamente ligada con el bautismo, al que precede o sigue inmediatamente (Juan 3:5; Hechos 2:38, 9:17 ss., 10:44-48, 19:5; 1 Corintios 12:13; etc.) Así pues, todos los bautizados son "Cristos" (2 Corintios 1:21-22 "sello o marca"). Es verosímilmente de esta misma unción del Espíritu en el bautismo de lo que habla Juan en su primer carta (2:20-27), mas bien que de una imposición de manos, conferida después del bautismo (Hechos 8:14 ss.; siendo probablemente la intención de este texto subrayar la integración de la iglesia Samaritana en la iglesia apostólica). [15]

Por lo tanto, teniendo en cuenta este pasaje de la primera carta de Juan,

---

[14] Jean-Jacques Von Allmen. Vocabulario Biblico. Madrid, Ediciones Marova, 1968, pp. 341
[15] Jean-Jacques Von Allmen. Vocabulario Biblico. Madrid, Ediciones Marova, 1968, pp. 342

## El líder siervo

podemos afirmar que todos tenemos la unción del Cristo y si no hay ungimiento, entonces es posible que no haya llamado, por más que sea escogido (cristiano); ya que el llamado a una misión específica por lo general conlleva o está íntimamente ligada a una unción del Espíritu. Ser ungido por Dios, equivale por lo tanto a desarrollar las características del ministerio del siervo de Isaías.

Un siervo de Dios hoy, al igual que en los tiempos antiguos, por lo tanto, es alguien que: ha sido llamado por Dios, separado para una misión específica; es alguien en quien Dios se complace por su actitud de obediencia y es alguien sobre quien reposa la unción del Espíritu de Dios.

# Capítulo 4
# El siervo de Dios: Características de su ministerio

El estilo y los medios de comunicación van cambiando de acuerdo al avance de la tecnología y de la ciencia. Pensar que nuestros abuelos o bisabuelos quizás hace 100 años atrás o menos, para avisarle a algún familiar o ser querido sobre algún evento, le llevaba posiblemente una semana o más poder hacerlo. Años más tarde, con la llegada del teléfono alámbrico esta comunicación podía darse en pocas horas. Luego, con la llegada del sistema celular esa misma comunicación la podemos hacer en fracciones de segundos. Décadas atrás hablar a una multitud era casi imposible ya que no había sistema de amplificación sofisticado, pero hoy con los sistemas de amplificación no hay casi límite de público, y si a eso le anexamos la televisión y los enlaces satelitales, los e-mails, el Internet, Facebook, Twitter, etc. en pocos minutos podríamos, si quisiéramos y tuviéramos los recursos, entregar un mensaje a gran parte de la humanidad.

Es posible que si Jesús estuviera en medio nuestro hoy en forma física, para desarrollar su ministerio utilizaría la Televisión satelital, el diario, el e-mail, el celular y la Internet; o para trasladarse utilizaría el avión, el colectivo o el auto particular. Pero también es cierto que, hay ciertas características del "Siervo de Yahve" que deberían continuar en los "siervos de Dios" del siglo XXI, a pesar del avance tecnológico o científico en el cual nos encontramos inmersos.

El líder siervo

A continuación analizaremos algunas de las características del ministerio del "Siervo de Yahve", las cuales pueden ser perfectamente aplicables a nuestra experiencia en estos tiempos.

### A. No grita

Si analizamos cuidadosa y profundamente el ministerio de Jesús en Israel, notaremos que nunca lo encontramos gritando en su ministerio. La única vez que alzó su voz fue para decir: *"Padre, en tus manos encomiendo mi espíritu"* (Lucas 23:46), o *"Dios mío, Dios mío, ¿por que me has desamparado?"* (Marcos 15:34). Además, vale la pena aclarar que, no gritó, simplemente alzó su voz.

Todo su ministerio lo desarrolló en un tono más bien normal, alzando su voz de vez en cuando, como para llamar la atención de sus oyentes, como ser en Juan 7:37, donde dice *"Y en el último día, el gran día de la fiesta, Jesús puesto en pie, exclamó en alta voz, diciendo: Si alguno tiene sed, que venga a mí y beba"*; lo cual era mas bien para que lo escuchen y no como muestra de su autoridad. Su autoridad no residía en el tono de su voz sino en su persona, en sus palabras. También es cierto que buscó lugares estratégicos, como por ejemplo: un monte (Mateo 5:1); o una barca (Lucas 5:3), desde los cuales pudo hablar bien y ser perfectamente escuchado. Cuando termina, por ejemplo, el Sermón del Monte, Mateo 7:28-29 nos dice: *"Cuando Jesús terminó estas palabras, las multitudes se admiraban de su enseñanza; porque les enseñaba como uno que tiene autoridad, y no como sus escribas"*.

El porte del siervo de Isaías era modesto y callado, su dulzura y ejemplo en Jesús era su mejor predicación (Mateo 12:17 ss.). Los falsos profetas buscan las discusiones, pero Él, por el contrario, obró calladamente, utilizando un método persuasivo, espiritual e interior (Lucas 9:55). El no gritó, no solamente en señal de dolor, sino expresando cualquier otro afecto que no se compagine con su misión, la cual ha de llevar a cabo sin violencia alguna, usando sólo las armas de la paz.

## El siervo de Dios: Características de su ministerio

Cuando analizamos este verbo, "gritar" notamos cuan significativo ha sido en el texto bíblico. Jenni y Westerman, en su Diccionario Teológico Manual del Antiguo Testamento, nos dicen que el verbo gritar y su forma intermedia aparece en forma indistinta en el Antiguo Testamento y probablemente revela una diferencia dialectal. En Isaías 42:2 se utiliza el hebreo *Seaqa*. Para captar el significado específico de esta, Jenni y Westerman dicen que: "Hay que distinguirlo de los otros conceptos de manifestaciones externas. Este gritar se diferencia de llamar, en que su intensidad no se debe precisamente a que debe ser oído en la distancia, sino que está más bien condicionado por una grave situación de necesidad. Por ejemplo el grito de espanto de los discípulos de Eliseo: "*La muerte está en la olla*" en 2 Reyes 4:40 no fue tanto para que les oigan, sino para marcar su propio espanto ya que todos estaban cerca. Del mismo modo este gritar se distingue de los verbos que expresan una reacción de dolor, como "suspirar", "llorar", "gritar" o similares; en la que no suele ser una simple reacción ante el dolor sufrido, sino que trata de llegar a otra persona que quizás pueda cambiar la situación. Así pues la raíz de *Seaqa* expresa la acción del grito humano de angustia, que es al mismo tiempo grito de dolor y llamada de auxilio. Unas veces prevalece un aspecto y otras otro. Ambos aspectos se basan en la conciencia primitiva de la solidaridad creatural del hombre, en virtud de la cual el que oye el grito de dolor de otro hombre se apresura a ayudarle con toda naturalidad. La versión de la Septuaginta (LXX) traduce esta raíz *Seaqa* por *Boan* y *Kratzein* en el griego con sus compuestos y sustantivos. Este *Bon, Boe* corresponde exactamente a Seaqa y puede significar "ruido, grito de queja, llamada de auxilio y alarma". La reacción de un grito de angustia lo expresa *Boezein* que significa "acudir a un grito de auxilio".[16]

Otra de las cosas que llama la atención en el ministerio de Jesús es que la mayoría de sus enseñanzas básicas lo dio no en el templo, sinagoga, calles o plazas de la ciudad (Isaias 42:1) sino fuera de ellas. Además el "siervo de Yahvé", en contraposición a los falsos profetas, actuó silen-

---

[16] E. Jenni, C. Westermann. Diccionario Telogico Manual del Antiguo Testamento. Madrid, Cristiandad, 1985, pp1328

El líder siervo

ciosamente, mientras que los demás hacían manifestaciones estruendosas por las calles, buscando el proselitismo para excitar la atención de los oyentes.

Si miráramos a nuestro alrededor nos encontraríamos con cientos de "siervos de Dios" que a gritos, a veces hasta molestos, tratan de proclamar el mensaje de Dios, corriendo por las calles o por las plazas. No estamos diciendo que no debemos salir a las calles o plazas, pero sí deberíamos preguntarnos ¿es esta una de las características de un verdadero siervo?. Sin juzgar ni condenar a nadie, creo que muchas veces esta actitud o sistema de evangelismo, nos separa de la verdadera responsabilidad que implica ser un hijo/a de Dios, que debe revelarse o manifestarse básicamente por medio del fruto del Espíritu descrito por Pablo en Gálatas 5:22-23 o por Jesús en el comienzo del Sermón del Monte, cuando en Mateo 5:1-12 habla de las Bienaventuranzas. Gritar en las calles o en las plazas sin que nadie conozca mi vida privada, alivia mi responsabilidad ética ante el diario vivir, pero muy distinto es predicar con mi ejemplo en la iglesia, en la familia, en el trabajo, en mi lugar de estudio, en el mercado, etc. Esta tarea refleja inevitablemente el cambio que Jesús hizo en mi vida.

Por otro lado, es importante también que enfoquemos la suavidad en el hablar, en el trato del siervo de Dios con los oyentes. No me imagino a Jesús diciéndole en un tono legalista, frío y sin sentimientos, a la mujer samaritana que el sabia que tenía 5 maridos y que el que ahora tenía no era de ella. Yo creo que el tono de voz, la dulzura de Jesús reflejaba la compasión de su corazón para con aquellos que estaban sufriendo, dolidos o necesitados. Esto requiere del siervo, en las diversas circunstancias, control de sí mismo, amor y paciencia. Una verdad hablada con suavidad es mucha más provechosa que la misma verdad gritada.

### B. No destruye al que está herido

En Isaías 42:3 leemos: *"No quebrará la caña cascada"* y en el capítulo 49:6 dice: *"Poca cosa es que tu seas mi siervo, para levantar las tribus de*

El siervo de Dios: Características de su ministerio

*Israel y para restaurar a los que quedaron".* Suavidad y mansedumbre con lo débil y vacilante, pero firmeza en el sufrir y tenacidad en realizar la empresa, era la característica del "Siervo de Yahvé". Su actividad misionera era persuasiva y suave, de tal modo que no rompía la caña cascada, es decir que no terminaba de matar al que estaba herido, ni tampoco apagó el pabilo que humeaba, es decir, no terminaba de apagar la poca fe de aquellos que se acercaron a Él, ni tampoco obró violentamente, destruyendo los gérmenes de bondad y de espiritualidad que encontró. La Biblia comentada por los Profesores de Salamanca dice que "Los gentiles son la caña cascada y la mecha que se extingue, por su debilidad espiritual".[17]

La palabra del siervo será la de un médico, que cura y restaura las heridas y las flaquezas humanas (Mateo 9:13). No condenará pues, a los paganos, ni tampoco a los de su pueblo (Juan 8:11), sino que los reanimará y levantará de nuevo, desarrollando sus rudimentos de religión y de moral.

Notemos que Cristo, durante su ministerio terrenal, básicamente ha cumplido la misión de restaurar, de corregir, de animar y alentar al decaído y fortalecer al que estaba sin fuerzas. El mismo se identificó como aquel que no vino a condenar (Juan 3:16-21) sino a buscar y salvar a todo aquel que estaba condenado y perdido. Solo para nombrar y recordar uno de esos tantos casos, Juan 8 nos narra la historia de la mujer adúltera que fue hallada en el mismo acto de adulterio. Cuando todo el mundo estaba dispuesto a apedrearla, porque así lo decía la ley de Moisés, Jesús, en un acto de amor y compasión, no pasó por alto el pecado de esta mujer, pero le extendió el perdón, le dio una nueva oportunidad para volver a comenzar dejando atrás el pasado y esa vida no santa.

Nuestras iglesias hoy día, en general, tienen estatutos de disciplina, pero lamentablemente, lo que muy pocos siervos de Dios hacen, es restau-

---

[17] Profesores de Salamanca. Biblia Comentada. Madrid, Biblioteca de Autores Cristianos, 1967, pp.265

## El líder siervo

rar a la persona que ha sido disciplinada. Muchas veces la disciplina en nuestras iglesias básicamente se reduce a no tener ningún ministerio por un par de meses y a no participar de la cena del Señor. Pero si ese hermano/a no es digno/a de compartir los elementos del pan y del vino con otros hermanos, entonces tampoco deberíamos recibir sus ofrendas y diezmos porque ese dinero no proviene de una persona digna. Este tipo de disciplina legalista causa que la persona que ha sido disciplinada comience a acumular resentimientos hacia el pastor, líder, la iglesia y hacia Dios mismo. La disciplina o corrección de ese hermano/a que ha quebrantado la ley de Dios es bíblica, pero también es Escritural o bíblico la restauración del disciplinado.

Claro está que, hacer una tarea de restauración, de reanimar al que está caído, de sanar al que está enfermo, de medicarlo espiritualmente, de fortalecer al débil es una tarea sumamente difícil y demanda bastante tiempo; pero es sumamente trascendental hacerlo. El no hacerlo, aparentemente quita una responsabilidad, una carga de nuestras espaldas, pero creo que el "siervo" debe ser consciente que un día Dios rendirá cuentas de ello.

En medio de una sociedad, como la que estamos viviendo, nos encontramos a diario con personas malheridas por el pecado, con problemas en lo laboral, familiar y o personal; problemas que afectan su vida espiritual, emocional y psíquica, lo cual hace que su fe y confianza en Dios decaigan. Tales personas no necesitan que quebrantemos su caña astillada, esa poca caña que aún les queda, sobre la cual todavía se están apoyando, ni que apaguemos esa poca luz que todavía les está iluminando. Ellos necesitan que el siervo de Dios restaure esa caña y avive su luz por medio del aceite del Espíritu Santo, para que puedan volver a caminar firmes y alumbrar y de esa manera salir de la oscuridad a la luz de un nuevo día. En Palabras del apóstol Pablo, necesitan que Cristo les alumbre nuevamente. Ellos necesitan que el siervo de Dios les de esperanzas reales, no ficticias ni ilusorias, sino la verdadera esperanza que se encuentra en Dios. El siervo de Dios debe ser consciente de que la justicia de Dios no se implanta arrollando lo débil, sino restaurándolo.

### El siervo de Dios: Características de su ministerio

Dios nos dice en Jeremías 29:11 *"Porque yo se los planes que tengo para vosotros, declara el Señor, planes de bienestar y no de calamidad, para daros un futuro y una esperanza"*. El futuro en Cristo siempre es mejor que el pasado y el presente.

### C. No se cansa ni desmaya hasta lograr su objetivo

Él "Siervo de Yahvé" no se desanimará ni desfallecerá hasta que haya cumplido su misión (Isaías 42:4). La tarea que se le ha encomendado es ardua y prolongada, pero, el "Siervo de Yahvé" ha levantado sus ojos y ha puesto su vista en la meta final a la que está apuntando y no retrocederá hasta llevarlo a cabo.

Jesús hizo eso. El sabía que el camino que tenía para recorrer era difícil, también sabía que su final desembocaba en la cruz y que ese era el único medio para lograr su objetivo de salvar al mundo de sus pecados. En varias oportunidades el enemigo trató de distraerlo, de desviarlo de su ruta. Una de las ofertas mas tentadoras lo hizo en el desierto, luego de haber estado allí Jesús 40 días de ayuno, posterior a su bautismo en el río Jordán (Lucas 4:1-13). Aún en el mismo huerto del Getsemaní, Jesús, hablando con su Padre le dijo: *"Si quieres pasa de mi esta copa, pero que no se haga mi voluntad sino la tuya"* (Lucas 22:39-46). En otra ocasión, fue el mismo Pedro quien fue instrumento de Satanás para tratar de persuadir a Jesús de no ir a Jerusalén y ser crucificado, como nos narra Mateo 16:21-23. Jesús tuvo varias oportunidades para desmayar, cansarse o retroceder, pero como un fiel siervo cumplió con lo que se había propuesto y con lo que la justicia de Dios demandaba para apaciguar su ira a causa del pecado del hombre.

La llamada de Dios a su Siervo era a la fidelidad y la demanda o llamada de Dios a sus siervos hoy sigue siendo la misma. Jesús tuvo un ministerio terrenal de unos 40 meses y apenas logró que 11 personas lo siguieran, a los cuales el no apagó el pábilo que humeaba ni terminó de quebrar la caña astillada, sino que los preparó bien y los envió a predicar su evangelio a todo el mundo conocido de aquella época. El no se dejó influenciar por una gran estadística numérica de seguidores. Cuando multitudes lo seguían, los encaraba y les presentaba las demandas del Reino, como lo vemos en su majestuoso Sermón del Monte en los capítulos 5 al 7 del evangelio de Mateo.

El verdadero siervo de Dios de hoy tendría que tener un "sentir como lo tuvo Jesús", como lo describe Pablo en Filipenses 2 y no dejarse influenciar por la estadística numérica, lo cual hoy día, lamentablemente se ha convertido en el parámetro para juzgar el éxito o el fracaso de un ministerio. Dios aún sigue llamando a siervos como lo hizo con los profetas de antaño como ser: Isaías, Jeremías, Amós, Oseas, etc. a ser fieles en predicar las buenas nuevas con las demandas que ello requiere.

Hacer esto, puede causar en los siervos, el cansancio, ya que no ven los frutos tan rápidamente. Pero para que ello no suceda, es necesario comenzar a ver las cosas con los ojos de Dios, necesitamos comenzar a ver más allá de nuestras narices, necesitamos comenzar a ver más allá del presente. Jesús, cuando conoció a Pedro, no veía en él un simple pescador, sino que veía en él un gran pescador de hombres. Cuando él vio a Mateo en la mesa de los cambistas, no solo vio un cobrador de impuestos, sino que vio en él alguien que invertiría con su propia vida y sangre en el reino de los cielos. Esa es la visión que los siervos de Dios debemos tener hoy día, debemos mirar la meta, el objetivo, el resultado final, y esa visión impedirá que nos cansemos y desmayemos.

A veces, para ver los frutos, es necesario que pase mucho tiempo y para ello se necesita de un proceso lento. Se ha dicho y con razón, que no todo lo que brilla es oro; en este caso, no todo lo que aparenta una gran explosión numérica es sinónimo de éxito ministerial.

Posiblemente en este tiempo, estimado lector, esté cansado, agotado y a punto de desmayar; quizás esté herido o desalentado. Pero Dios en esta hora le dice: *"No temas ni desmayes, porque yo estoy contigo"*. No pierdas tu meta, tu objetivo que es Cristo. Siempre hay un sol luego de las tormentas y un valle luego de las montañas. Lo importante es no per-

El siervo de Dios: Características de su ministerio

der nuestro Norte. Los valles más preciosos necesitan de encumbradas montañas.

Cuando leemos el Génesis a partir del capítulo 37 encontramos la historia de José y de cómo Dios lo puso en la escuela del sufrimiento. Siendo un adolescente tuvo unos sueños en los cuales se veía sobresaliendo sobre los demás hermanos. Pero estos sueños le causaron grandes problemas. Un día menos pensado, sus hermanos lo vendieron como esclavo a un mercader que pasó por allí y este lo vendió a Potifar en Egipto. Allí José comenzó a desarrollarse y a triunfar a tal punto que llegó a ser el hombre de confianza de Potifar. Evidentemente era un hombre atractivo y simpático que llamó la atención de la esposa de Potifar. Un día en que su esposo no estaba ella trató de acostarse con él agarrándose de la ropa de José. Pero él huyó. Cuando su esposo regresó ella contó al revés la historia y como consecuencia de ello, José terminó en la cárcel.

Olvidado allí por la gente del gobierno, pero no por Dios, José siguió con su mismo carácter y actitud de servicio como también desarrollando o haciendo uso de los dones que Dios le había dado. Estando allí interpretó el sueño de dos encarcelados, los cuales días más tarde se cumplieron. Pero tiempo después el Faraón tuvo un sueño que ninguno de sus agoreros y adivinos pudo interpretar. A raíz de eso, uno de los presos, a quien José le había interpretado un sueño, y que ahora estaba libre y trabajando nuevamente en la casa del Faraón, se acordó de que en la cárcel había un hombre llamado José que era experto en interpretar sueños y le comunicó al Faraón y este mandó a llamar a José, quien interpretó el sueño de él y quedó como gobernador de todo Egipto.

A causa de esta sequía inmensa, los hermanos de José fueron a Egipto para buscar alimentos y entre idas y venidas, José se da a conocer a ellos. Los hermanos de José le habían dicho a su padre, luego de que lo habían vendido a un mercader que un animal lo había destruido, pero ahora debieron enfrentar la verdad.

Esta escuela de sufrimiento intenso duró veinte años, en los cuales Dios

## El líder siervo

fue forjando el corazón y carácter de José. El día en que José se reencuentra con todos sus hermanos y su padre, el pudo transmitirles el perdón y la gracia y hacerles ver que Dios le había dado suficiente sabiduría para poder redimir el sufrimiento y capitalizarlo para beneficio de muchos.

El siervo mira al frente, tiene adelante el objetivo, no desmaya ante las dificultades, porque sabe en quién ha creído y lo trascendental de su servicio. Hoy la tentación está en abandonar a las personas antes de tiempo, sin jugar las últimas cartas. Como siervos tengamos presente que, en el proceso de formación de vidas, precisamos tomarnos el tiempo que sea necesario.

# Capítulo 5
# El siervo de Dios:
# Bases de su autoridad

Hoy día es muy común escuchar a personas decir: "Que unción! !Que poder que tiene este predicado! !Que autoridad! !Como grita, como se mueve, realmente es un hombre de Dios, atrae a multitudes!. Muchas veces no llegamos a discernir cuál es el verdadero secreto de la autoridad de un siervo. Generalmente apuntamos a cosas visibles, cuando en realidad la autoridad pasa por condiciones y disposiciones internas.

Isaías 50:4 dice: *"El Señor Dios me ha dado lengua de discípulo, para que yo sepa sostener con una palabra al fatigado. Mañana tras mañana me despierta, despierta mi oído para escuchar como los discípulos".* En cuanto a este tema podemos extraer cuatro pensamientos importantes que surgen de esta porción de la Palabra:

**A. Despierta mañana tras mañana**

Algunas versiones dicen "madrugando cada día". La imagen es tomada de un maestro que despierta temprano a sus discípulos para que asistan a clase. Es una locución enfática para mostrar que la asistencia de Dios con sus revelaciones es constante y reiterada.[18]

---

[18] Profesores de Salamanca. Biblia Comentada. Madrid, Biblioteca de Autores Cristianos, 1967, pp.305

## El líder siervo

Según Isaías, el "Siervo de Yahvé" sería un hombre que diariamente tendría palabra de Dios para su pueblo, para fortalecer al débil y no apagar aquella luz mortecina. Es interesante notar que durante el ministerio terrenal de Jesús, los evangelios con frecuencia relatan que Él muy de mañana iba a orar. También lo hacia en otros momentos del día, como ser al atardecer, después de terminar su tarea; pero lo que más sobresale es su despertar "mañana tras mañana", lo que le autorizaba para decir: *"Las palabras que yo os digo, no las hablo por mi propia cuenta, sino que el Padre que mora en mi, es el que hace las obras"* (Juan 14:10; 14:24; 5:19; 7:16).

Con mucha frecuencia encontramos en la Biblia que los grandes hombres de Dios solucionaban sus problemas con Dios, temprano en la mañana. Por ejemplo en Génesis 22 encontramos el relato en el cual Dios le pide a Abraham que vaya hasta el monte Moria a sacrificar a su único hijo Isaac. El versículo 3 comienza diciendo que Abraham *"muy de mañana, al día siguiente, cortó leña suficiente para hacer un gran fuego. Preparó a su burro y se puso en camino al lugar que Dios le había señalado. Iba acompañado de su hijo Isaac y dos de sus sirvientes"*. Esta actitud de buscar a Dios de mañana se da con mucha frecuencia en las Escrituras. Es el tiempo en donde nuestras mentes aún están despejadas y estamos más dispuestos a escuchar la voz de Dios.

Él "siervo de Dios" hoy día también necesita esa autoridad, esa autoridad dada por Dios a través del estudio de la Palabra y el oír de Su voz a través de ella y por medio de la oración y la revelación del Espíritu Santo.

Hoy más que nunca necesitamos del ministerio profético, necesitamos de esa palabra fresca y sanadora. Dios también nos ha dado el ayuno, lo cual, según Jesús en un momento de su ministerio, daría autoridad a sus discípulos para expulsar demonios (Mateo 17:19-21). Hay un principio espiritual que muchas veces ignoramos, que es "a mayor sacrificio, mayor poder espiritual". Quisiera compartirles dos ejemplos de esto.

## El siervo de Dios: Bases de su autoridad

Primero, Jueces 17:19-21 nos relata la historia de Sansón y Dalila. Generalmente pensamos que Sansón era un estúpido porque una y otra vez cayó en la misma trampa. Por lo general pensando en esta historia solemos decir que el amor es ciego. Pero fijémonos en la lectura espiritual que hicieron los filisteos, según Jueces 16:23-24 *"Y los príncipes de los filisteos se reunieron para ofrecer un gran sacrificio a su dios Dagón, y para regocijarse, pues decían: Nuestro dios ha entregado a nuestro enemigo Sansón en nuestras manos. Y cuando la gente lo vio, alabaron a su dios, pues decían: nuestro dios ha entregado en nuestras manos a nuestro enemigo, al que asolaba nuestra tierra, y multiplicaba nuestros muertos".*

Segundo, en 2 Reyes 3 encontramos que una palabra profética es cortada. El versículo doce y subsiguientes no dice: *"Y Josafat dijo: La palabra del Señor está con él. Y el rey de Israel y Josafat y el rey de Edom descendieron a él. Entonces Eliseo dijo al rey de Israel: ¿Qué tengo que ver contigo? Ve a los profetas de tu padre y a los profetas de tu madre. Y el rey de Israel le dijo: No, porque el Señor ha llamado a estos tres reyes para entregarlos en manos de Moab. Y Eliseo dijo: Vive el Señor de los ejércitos, ante quien estoy, que si no fuera por respeto a la presencia de Josafat, rey de Judá, no te miraría ni te vería. Mas traédme ahora un tañedor. Y sucedió que mientras el tañedor tocaba, la mano del Señor vino sobre Eliseo. Y el dijo: Así dice el Señor: "Haced en este valle muchas szanjas". Pues así dice el Señor: "No veréis viento, ni veréis lluvias; sin embargo ese valle se llenará de agua, y beberéis vosotros y vuestros ganados y vuestras bestias." Aún esto es poco ante los ojos del Señor; también entregará en vuestras manos a los moabitas. Y destruiréis toda ciudad fortificada y toda ciudad principal, y talaréis todo árbol bueno, cegaréis todas las fuentes de agua y dañaréis con piedras todo terreno fértil".* La palabra profética la hallamos en los versiculos 16 al 19. Los israelitas comenzaron a vencer y cuando estaban a punto de dar el jaque mate, el rey de Moab sacó su ultima carta, en los versículos 26 al 27 el autor nos narra lo siguiente: *"Al ver el rey de Moab que la batalla arreciaba contra él, tomó consigo setecientos hombres que sacaban espada, para abrir brecha hacia el rey de Edóm, mas no pudieron. Entonces tomó a su hijo primogénito que había de reinar en su lugar, y lo ofreció en holocausto sobre la muralla. Y hubo gran ira contra los israelitas, quienes se apartaron de allí y regresaron a su tierra".*

El líder siervo

Si Cristo, siendo Dios-Hombre perfecto, necesitó de la oración y del ayuno, necesitó de esa estrecha comunión con su Padre, si Él necesitó que Dios lo asistiera diariamente con Su Palabra y su guía por medio del Espíritu Santo ¿cuánto más no necesitaremos nosotros esa disciplina diaria, para de esa manera estar revestidos de toda la armadura espiritual para salir al campo de batalla, como lo expresa el apóstol Pablo escribiendo a los Efesios 6:10-20, y salir victoriosos?.

**B. Oye bien**

"Despierta mis oídos para escuchar como los discípulos" (Isaías 50:4c). En esta declaración notamos un fuerte contraste con la actitud del pue-blo, ya predicho o vaticinado en el llamado de Isaías, cuando Dios le dice: *"Ve, y di a este pueblo: escuchad bien, pero no entendáis...."* (Isaías 6:9-10).

Mañana tras mañana, el "Siervo de Yahvé" es despertado, y también es abierto su oído para escuchar lo que Dios tiene para decirle. El saber escuchar bien a Dios trae como consecuencia poder escuchar bien a las personas. Dios, el Maestro, invita incansablemente a sus discípulos a escuchar, y vale la pena aclarar que escuchar en este contexto no significa adquirir conocimientos sin consecuencias prácticas, sino que tiene como meta el ser sabios[19] (Proverbios 23:19) y por eso en el libro de los Proverbios se alaba al que está dispuesto a escuchar, o tiene oído atento.

Aunque uno oiga la Palabra de Dios o es amonestado a escucharla, como lo dice Jesús *"al que tiene oídos para oír que oiga"* (Mateo 11:15), no por eso la entiende. Dios (Isaías 54:4 y Marcos 7:34) debe abrirnos los oídos de modo que incluso los sordos oigan (Isaías 35:5). En la Biblia, el verbo "oír" tiene una connotación bastante amplia y una actividad bastante dinámica.[20]

---

[19] R. P. Serafín de Ausejo. Diccionario de la Biblia. Barcelona, Herder, 1967, pg. 1359
[20] Westerman, en su diccionario teológico, en la página 164 dice lo siuguiente: "Raramente se designa el verbo oír, el miembro corporal sin hacer referencia a la acción de oír. El maestro de sabiduría puede exigir que se preste atención por medio de la expresión nth hifil ozaen, `inclinar el oído` (Salmo 78:1; proverbios 4:20; 5:1,13; 22:17) Algo similar se puede ver en Isaías 55:3, Salmo 45:11 y 49:5. Además de órgano de audición, es también, sobre todo en la literatura sapiencial, órgano de conocimiento y de la comprensión (Job 12:11; 13:1; 34:3; Proverbios 2:2; 5:1,13; 18:15; 22:17; 23:12; Isaías 32:3). Comparte esta funcion con el corazón

El siervo de Dios: Bases de su autoridad

Son sujetos de la escucha los hombres, individual o colectivamente. Gramaticalmente, también los órganos del oír, oído y corazón. Naturalmente, el escuchar, y por lo tanto, el verbo *saema* (en hebreo) no se reducen a un solo ámbito de la vida. Sin embargo, el concepto y la realidad del escuchar tienen en Israel y en Egipto, una importancia decisiva para la sabiduría, puesto que la primera exigencia para que las enseñanzas sean fructíferas es la escucha que se convierte en obediencia. [21]

Yo no quiero hacer un dogma de que para escuchar mejor es necesario levantarse temprano, pero no debemos olvidar que es muy llamativo las veces que en la Biblia se repite de esa acción hecha por la mañana. Jesús mismo aparece en los evangelios orando muy temprano de mañana. Creo que cualquier momento es oportuno para buscar a Dios, pero también es cierto que por las mañanas, antes que nuestra jornada diaria de responsabilidades comience, nuestra mente está más dispuesta a escuchar a Dios. Luego, cuando ya somos parte de la vorágine diaria, la voz de Dios debe competir con muchas otras voces y ruidos a nuestro alrededor. De modo que tiene sus ventajas poder comenzar el día escuchando a Dios, interesándonos para que Su nombre sea santificado, para que su Reino se establezca y crezca y para que su Voluntad sea hecha, como también interesarnos en nuestras cosas, pedirle por el pan diario, que implica todas nuestras necesidades físicas, por el perdón de nuestros pecados, como también para que no permita que caigamos en tentación y seamos librados del mal o malo que puede ser Satanás, el mundo o nosotros mismos.

Lamentablemente hoy día escuchamos muy poco a Dios. Una gran mayoría de cristianos se acercan a Dios simplemente para informarle de necesidades personales, de amigos o de la iglesia; pero el secreto de una vida espiritual madura está en detenernos para escuchar lo que Dios quiere decirnos. Si entendemos correctamente el concepto bíblico de escuchar, si queremos que Dios nos hable, necesitamos estar dispuestos a que Él nos hable, necesitamos invertir tiempo y necesitamos estar

---

[21] Westerman, Jenni. Diccionario teológico manual del Antiguo Testamento Tomo I y II. Madrid, Cristiandad, 1985, pg. 1225.

dispuestos a obedecerle cuando así lo haga. Tiempo atrás escuche que el dueño de una gran compañía de programas de computadoras tiene un piso en uno de sus edificios con un par de técnicos que son pagados por la compañía solamente para que piensen. Luego, esas ideas que se les ocurre pensando la bajan a los programadores o técnicos especializados en descifrar esas ideas y crear los nuevos programas.

El concepto que se maneja entre muchos cristianos es que si un pastor o líder es hallado en la oficina simplemente pensando significa que no está haciendo nada. El activismo es una constante en muchos pastores y líderes. Las agendas están cargadas de actividades, el tiempo devocional está planificado con tiempo limitado, pero muy pocos líderes tienen agendas abiertas para pensar, reflexionar y permitir que Dios les sorprenda con alguna respuesta, palabra o idea.

Si estamos dispuestos a obedecer, es entonces que Dios abrirá nuestros oídos o entendimiento, para poder comprender lo que nos dice. Así nos promete en Isaías 30:20-21 cuando dice *"Aunque el Señor os ha dado pan de escasez y agua de opresión, tu Maestro no se esconderá más, sino que tus ojos contemplarán a tu Maestro. Tus oídos oirán detrás de ti una palabra: Este es el camino, andad en él, ya sea que vayas a la derecha o a la izquierda"*

Entonces surge una pregunta ¿para qué Dios despierta a Su Siervo mañana tras mañana y abre su oído?. Y la respuesta es: *"para darle a Su Siervo lengua de discípulo, para que sepa sostener con una palabra oportuna al fatigado"* (Is. 50:4ª). Dios no desea una espiritualidad de monasterio, El anhela formar en nosotros hombres y mujeres dispuestos a escuchar para poder sostener a los débiles, enfermos, solitarios, marginados o necesitados.

## C. Tiene lengua de discípulo

De acuerdo a Santiago 3, la lengua es un órgano pequeño, el cual puede ser utilizado para bendecir o maldecir. La lengua aparece en el Antiguo

El siervo de Dios: Bases de su autoridad

Testamento, principalmente como autora o causa de muchos pecados, sobre todo en los Salmos, Job y Proverbios. Serafín de Ausejo dice que por la lengua se exterioriza la maldad del pecador (Proverbios 10:31; 17:4; Salmo 52:4). Como pecados particulares de la lengua se enumeran: Falso testimonio (Salmo 120:3; Proverbios 26:28; Sofonías 3:13), soberbia y arrogancia (Salmo 12:3), mentira y engaño (Miqueas 6:12). Nadie queda exceptuado. De ahí que la lengua sea un arma terrible. El mal producido es inmenso; la vida y la muerte dependen de ella (Proverbios 18:21). La lengua de los sabios apacigua (Proverbios 12:18). En el Nuevo Testamento se dice también que la lengua es poderosa (Santiago 3:5,8), autora de muchos pecados (Santiago 1:26; 3:1-12; 1 Pedro 3:10; Salmo 34:14), comparable a un incendio (Santiago 3:5 ss.). En estos puntos, es probable la relación de Santiago con la literatura sapiencial del Antiguo Testamento.[22]

Nosotros podemos utilizar la lengua para ambos fines, pero como cristianos estamos llamados a bendecir a todas las naciones, como lo declara Génesis 12:1-3, "Y el Señor dijo a Abram: Vete de tu tierra, de entre tus parientes y de la casa de tu padre, a la tierra que yo te mostraré. Haré de ti una nación grande, y te bendeciré, y engrandeceré tu nombre, y serás bendición. Bendeciré a los que te bendigan, y al que te maldiga, maldeciré. Y en ti serán benditas todas las familias de la tierra"; y a nuestros enemigos también, según Romanos 12:14 "Bendecid a los que os persigan; bendecid, y no maldigáis".

El "Siervo de Yahvé", como dice el historiador Schökel, es un hombre de palabra con un ministerio especial de consolación. Según Isaías 40:1, al decir: "Consolad, consolad a mi pueblo, dice vuestro Dios", es claro que Dios espera eso de su siervo.. A diferencia al ministerio de Jeremías que era para derribar y plantar, destruir y edificar según Jeremías 1:10, el siervo de Dios vive a la escucha, porque no dispone a su antojo de provisiones de palabras, sino que cada vez que lo necesita lo ha de recibir del Señor[23]. El Espíritu Santo da las palabras que ha de hablar. En Mateo

---

[22] R. P. Serafín de Ausejo. Diccionario de la Biblia. Barcelona, Herder, 1967, pg. 59.
[23] L. Alonso Schokel y J. L. Sicre Diaz. Profetas. Tomo I. Madrid, Cristiandad, 1980, pp. 320.

El líder siervo

11:28 Jesús declara: *"Venid a mi todos los que están cansados y cargados (exhaustos), y yo los haré descansar"*. Si estamos cansados, tenemos a quien recurrir.

La labor del "Siervo de Yahvé", según Isaías se va a concretar sobre todo en sostener con palabras al cansado, al descorazonado y fatigado en la senda de la ley de Dios ante las dificultades y contrariedades de la vida. La misión del "Siervo" es confrontar al pusilánime, al débil, al que desconfía de las promesas de Dios, aquellos que en Isaías 42:3 el autor describe como *"caña cascada y mecha humeante"*, porque todavía les queda un rescoldo de fe y esperanza.

En su ministerio terrenal, Jesús diría: *"Venid a mi todos los que están cansados y cargados (exhaustos), y yo los haré descansar. Tomad mi yugo sobre vosotros y aprended de mi, que soy manso y humilde de corazón, y hallareis descanso para vuestras almas. Porque mi yugo es fácil y ligera mi carga"* (Mateo 11:28-30).

Creo que millones de personas han hallado descanso para sus vidas por medio de estas palabras de Jesús. Eso demuestra que, el que lo pronuncia tiene autoridad, y el efecto que causa da autoridad a su ministerio. Como cristianos y líderes poseemos el poder de edificar o de destruir, el de frustrar o animar a una persona por medio de nuestras palabras. Estoy seguro que todos nosotros hemos sido destruidos con palabras por personas de quienes esperábamos algo diferente.

Quizás el desánimo más destructivo no sólo sea en palabras, sino también cuando guardamos silencio, cuando no animamos, cuando no expresamos palabras que sinceramente reconozcan el esfuerzo o las ideas de otros. Tenemos en nuestras manos un arma de vida o de muerte y como siervos necesitamos ejercitarnos, tomar acciones decididas, proactivas para aprender este hermoso lenguaje de sostener a otros con nuestras palabras.

En nosotros reside la capacidad de restaurar al quebrantado (caña cascada) y de animar a los desconsolados (encender el fuego del pábilo que humea). El Siervo de Yahvé pudo llevar a cabo su misión, porque se propuso a ello y no se rebeló.

## D. Es obediente y avanza hacia la meta

De acuerdo al vocabulario bíblico: "Obedecer es oír, escuchar la voz de alguien, tener el corazón y los oídos abiertos a la palabra que alguien pronuncia. Obedecer no es conformarse a un código moral o sacrificial, ni escuchar a sí mismo. La obediencia es la respuesta viva de un ser a las palabras de otro".[24]

Cuando Dios creó al hombre, lo hizo para que este lo obedeciera, pero el hombre eligió la desobediencia, según Génesis 3, lo cual estableció un cortocircuito en las relaciones vivas con Dios, escuchando la voz de otro (Vs. 17), dudando de la bondad de Dios y buscando orgullosamente la vida y la felicidad en una autonomía frente a la Palabra de Dios.

De igual manera, en el Antiguo Testamento, la desobediencia es definida como la negativa del hombre a escuchar a Dios prefiriendo otras voces, falsos profetas, naciones extranjeras, a sí mismos, etc. Por otro lado, a pesar de la caída del hombre, Dios va a preparar el camino a la venida de una nueva humanidad obediente. Elige a Abrahám, luego a Jacob (Israel); da su "Ley" por medio de Moisés a fin de crear un "resto" o "remanente" de hombres y mujeres obedientes, gracias a los cuales perdonará o salvará a los demás, según Génesis 18:24ss y Jeremías 5:1.

Este "resto" fiel luego se reduce a una persona enteramente volcada a Dios, Isaías 50:5, el "Siervo de Yahvé", mas tarde se transfiere a Jesús, quien realizó no su voluntad, sino la voluntad del Padre, según Juan 6:38, siendo obediente hasta la muerte, según lo declara el autor de Hebreos 5:8 y Pablo en Filipenses 2:8.

Por su única obediencia, la justificación se extiende a todos, según Ro-

---
[24] Jean-Jacques Von Allmen. Vocabulario Biblico. Madrid, Ediciones Marova, 1968, pg. 240

manos 5:18-19. Su obediencia es imputada a los desobedientes, nosotros: según 1 Corintios 1:30. El "Siervo de Yahvé" no fue desobediente en cumplir la misión a la cual había sido llamado, ni tampoco fue desobediente en hacer la voluntad de su Padre.

El siervo de Dios hoy, o líder debe poseer necesariamente este tipo de obediencia igual al de Jesús. El servicio y la obediencia caminan juntos como hermanos siameses. Recordemos que Saúl perdió su reinado por desobediencia. La mas sublime ilustración de obediencia la tenemos en el Hijo, quien lo confesó abiertamente al decir *"nada hago por mi mismo.... hago siempre lo que le agrada"* (Juan 8:28-29).

La obediencia del "Siervo de Yahvé" ensalza sobre todo, su docilidad, mansedumbre y perseverancia, a pesar de todos los malos tratos que le acarrea su ardua misión de pregonar la ley de Dios en medio de su pueblo y entre las gentes. Este "siervo", como Isaías 6:8, no opuso resistencia a la llamada de Dios.

La obediencia de Jesús lo llevó a la cruz, aunque, como ya dijimos, Jesús tuvo oportunidades de esquivar ese trágico fin o tomar atajos, lo cual demostraría su desobediencia y entonces, ese sería el fin para la ya perdida humanidad.

Así como Jesús y tantos profetas y siervos fueron obedientes hasta las últimas consecuencias, del mismo modo lo debemos ser nosotros. Para ello, sin duda alguna, también necesitamos una experiencia como la de Isaías, de contemplar la gloria de Dios, como la de Jesús en el monte de la transfiguración o como la de los discípulos en el aposento alto el día de pentecostés.

A veces "hasta las últimas consecuencias" significa la muerte como Isaías, Jesús, Pedro o Pablo. Necesitamos ser obedientes a la voz del que manda, obediencia que debe reflejarse en el cumplimiento del ministerio al cual hemos sido llamados y en el avance hacia la meta propuesta.

Este tipo de obediencia es la que dará autoridad a nuestro ministerio y no el número de personas que tenga nuestra iglesia, organización o denominación; aunque esto último viene por añadidura.

# Capítulo 6
# El siervo de Dios:
# Respaldo de su ministerio

Con este capítulo llegamos al corazón de este libro. Estamos muy acostumbrados a querer llegar a la fama o al poder por un camino casi mágico, como algo instantáneo; pero la realidad es que el siervo de Dios, para que su autoridad sea reconocida, debe pagar un precio elevado, si desea autoridad genuina. En la persona del "Siervo de Yahvé" notamos algunas de ellas:

**A. Deja herir su cuerpo y sus mejillas**

El "Siervo de Yahvé" en el desempeño de su misión acepta plenamente el sufrimiento (49:6). Como no resiste a la Palabra de Dios, tampoco resiste a las injurias humanas. [25]

Encontramos aquí un principio muy importante para nuestra vida cristiana, en especial si somos líderes. Para aquel hombre o mujer que es despertado temprano, cuyos oídos son obedientes y no vuelve atrás, sino que avanza hacia la meta, las ofensas que el mundo puede hacerle son mínimas comparadas con la grandeza de la presencia de Dios en su vida.

El "Siervo de Yahvé" sufriría toda clase de ofensas, latigazos en la espalda y en el rostro golpes, lo cual era humillante en la cultura neo testamen-

---
[25] L. Alonso Schokel y J. L. Sicre Diaz. Profetas. Tomo I. Madrid, Cristiandad, 1980, pp. 320.

El líder siervo

taria y en toda la mentalidad judía. También era humillante arrancarle la barba, ya que ella representaba el símbolo de la dignidad social. Pero este tipo de humillación se cumplió literalmente en la escena del pretorio de Pilato con Jesús.

Lo que llama la atención en el "Siervo de Yahvé" (Isaías 53:3) es la presencia del dolor y de la humillación. A esa presencia se une el desprecio y el abandono de los demás, quienes interpretan el dolor como castigo de Dios. El "Siervo de Yahvé" sería una persona experimentada en quebranto (53:3) por su constante familiarización con la aflicción y el dolor.

De acuerdo con lo que podemos extraer de esto, un verdadero siervo de Dios, de algún modo es un hombre solitario, un hombre incomprendido por la sociedad en general y por los religiosos, como lo fue Isaías, Jeremías y tantos otros.

El concepto de siervo que se ha arraigado en nosotros es la de aquel que siempre está bien, sonriente, el que nunca tiene problemas, porque si lo tiene la idea es que está en pecado, que viaja en un hermoso auto importado, el que se hospeda en hoteles caros y que tiene una cuenta bancaria con varios números.

Isaías dice que el "Siervo de Yahvé" no sería atractivo. Las referencias de Isaías 53:2 no se limitan a la apariencia y a las cualidades externas. Los dos sustantivos denotan la totalidad de la humillación del siervo. Cuando vemos al siervo no encontramos hermosura en él para que lo deseemos. Nuestro juicio, en otras palabras, se forma por lo general, según la apariencia externa y, por eso, muchas veces lo descartamos.

El cuadro de Isaías 53 es muy triste. El siervo habitó en medio de su propio pueblo y, detrás de su forma física, el ojo de la fe debía haber visto su verdadera gloria; mas por mirar sólo su apariencia externa, Israel no encontró nada de hermosura que diera deleite al ojo.

El mundo no estimaría al "Siervo de Yahvé" (Isaías 53:3). Isaías comien-

El siervo de Dios: Respaldo de su ministerio

za y termina este versículo con la palabra "despreciado". Tal vez el propósito sea el de hacer aún más agudo el fuerte contraste del versículo siguiente. La incredulidad que Isaías describe aquí es la misma que se halla en todas partes hoy. Los hombres todavía dicen cosas agradables y lisonjeras del Cristo de la Gloria. Alaban su éxito y enseñanzas; afirman que fue un buen hombre y un gran profeta y que es el único que tiene respuestas para los problemas sociales que aturden al mundo de hoy.

Sin embargo, no reconocen que son pecadores y que por eso merecen el castigo eterno, ni que el sacrificio de Cristo fue el sacrificio vicario que Dios ideó para satisfacer su justicia y reconciliarse con el pecador. No aceptan lo que Dios dice acerca de Su Hijo. También hoy el Siervo es despreciado y rechazado por los hombres, y los hombres no lo estiman.

El verdadero siervo de Dios tendrá que pasar por el proceso de humillación, de incomprensibilidad, de soledad, de dolor y de sufrimiento para luego poder comprender a los demás y ser un hombre de autoridad. El dolor no siempre es castigo. En la mayoría de las veces es la escuela de Dios para un mejor servicio, de consuelo y de esperanza para su propia vida y para la de los demás. Como lo dijera un pastor amigo, no olvidemos que cuando Dios quiere pulir una joya permite que el diablo gire la rueda.[26]

Cuando el siervo de Dios se propone a vivir una vida comprometida con Dios y con las demandas del reino, es casi inevitable que no sea el blanco del desprecio, de que los demás escondan de él sus rostros, de que lo aíslen, lo anulen y lo humillen. Es casi inevitable que sea un hombre solitario camino a la cruz.

B.    Presta su rostro para las injurias

Isaías 50:7b dice: *"Por eso he puesto mi rostro como pedernal"*; como que se propuso resueltamente no retraerse de su obra de amor por vergüen-

---

[26] Miguel Angel Robles y Azucena B. de Robles. Regresar cantando. Buenos Aires, 2004, pg. 80.

za o temor al sufrimiento. La no resistencia podría tomarse como confesión de culpa, que daría la razón al contrario. Generalmente escuchamos la frase: "el que calla, otorga". Pero el "Siervo de Yahvé" confiando sólo en el Señor, acude tranquilo al juicio humano; ya que Dios es su defensor (*masdiq*), que demostrará la inocencia del acusado y logrará su absolución.

Si tomamos a Jesús como ejemplo, notaremos que la mayoría de las veces la opinión de los demás sobre él no eran muy positivas, especialmente la de los religiosos. Si no lo consideraban glotón y bebedor, era alguien que se juntaba con los pecadores y las prostitutas.

Pero Jesús mismo advirtió a sus discípulos diciendo: *"Ay de vosotros, cuando todos los hombres hablen bien de vosotros, porque de la misma manera trataban sus padres a los falsos profetas"* (Lucas 6:26). Es una consecuencia lógica o principio bíblico que la opinión de los demás sea negativa si el siervo de Dios realiza su tarea de acuerdo a los principios y valores de Dios. Pero a esa advertencia de Jesús de Lucas 6:26 necesitamos agregarle lo siguiente: *"Bienaventurados sois cuando os insulten y persigan, y digan todo género de mal contra vosotros falsamente, por causa de mi"* (Mateo 5:11). Por lo general los espinos desean destruir a los que tienen fibra de cedro.

La opinión negativa debe ser falsa. Lamentablemente hoy día hay muchas opiniones negativas sobre los siervos de Dios, pero que son verdaderas. Si queremos vivir y actuar como verdaderos cristianos no debemos esperar recibir del mundo y a veces de los mismos cristianos y colegas halagos o palabras dulces y alentadoras.

Pedro, en su primer carta, dedica mucho espacio al sufrimiento del cristiano, pero hay una porción que resume bastante bien esta idea al decir en el capitulo 4:12-19 lo siguiente: *"Amados, no os sorprendáis del fuego de la prueba que en medio de vosotros ha venido para probaros, como si alguna cosa extraña os estuviera aconteciendo; antes bien, en la medida en que compartís los padecimientos de Cristo, regocijaos, para que también en*

El siervo de Dios: Respaldo de su ministerio

*la revelación de su gloria os regocijéis con gran alegría. Si sois vituperados por el nombre de Cristo, dichoso sois, pues el Espíritu de gloria y de Dios reposa sobre vosotros. Ciertamente, por ellos El es blasfemado, pero por vosotros es glorificado. Que de ninguna manera sufra alguno de vosotros como homicida, o ladrón, o malhechor, o por entrometido. Pero si alguno sufre como cristiano, que no se avergüence, sino que como tal glorifique a Dios. Porque es tiempo de que el juicio comience por la casa de Dios; y si comienza por nosotros primero, ¿cuál será el fin de los que no obedecen al evangelio de Dios?. Y si el justo con dificultad se salva, ¿qué será del impío y del pecador?. Por consiguiente, los que sufren conforme a la voluntad de Dios, encomienden sus almas al fiel Creador, haciendo el bien."* En el versículo 14 Pedro dice: *"Si sois vituperados por el nombre de Cristo, dichoso sois, pues el Espíritu de gloria de Dios reposa sobre vosotros. Ciertamente, por ellos él es blasfemado, pero por vosotros glorificado".*

Recordemos la historia de José, un hombre a quien Dios usó tremendamente, pero no olvidemos la escuela de sufrimiento que tuvo que pasar desde muy pequeño. Primero falleció su madre, luego por 17 años tuvo que soportar el desprecio de sus hermanos, luego lo vendieron, eso produjo como consecuencia que tuvo que sufrir la ausencia de su familia. Años más tarde, por guardar la santidad tuvo que pasar dos años en la cárcel por la falsa acusación de la esposa de Potifar. Estos años de sufrimiento dieron como resultado un carácter probado. José pasó por la escuela de Dios, quien permitió que el diablo girara la rueda para sacarle brillo al oro.

Otro precio que debemos estar dispuestos a pagar son las falsas injurias para tener autoridad. Si todos hablan bien de nosotros es para preocuparnos; pero a su vez, en cuanto de nosotros dependa, necesitamos estar en paz con todos los hombres, según Romanos 12:18 *"Si es posible, en cuanto de vosotros dependa, estad en paz con todos los hombres."*

### C. Experimenta la injusticia a flor de piel

El "Siervo de Yahvé" experimentó la injusticia ya que fue enjuiciado indignamente, porque no siguieron el camino de un juicio correcto. Fue sentenciado, crucificado y muerto sin ser el culpable. El inocente murió por el culpable y murió como un maldito, ya que la crucifixión era la muerte más baja que existía. Y aún más, fue considerado como un verdadero pecador ya que fue crucificado entre dos malhechores.

Si aplicamos este proceso en el siervo de Dios hoy, es casi seguro que la gran mayoría, sino todos, lo verían como algo estúpido y tonto. Hoy día se habla mucho de respeto, de defender los derechos humanos y la pregunta que deberíamos contestar es: ¿Tiene el cristiano derechos o razones para que se le aplique la justicia?. En el "Siervo de Yahvé" no vemos nada de eso, al contrario, notamos que no abrió su boca, no se defendió, ni acuso a los demás, tan solo se dispuso a confiar en aquel que en su debido momento lo exaltaría y lo justificaría (50:8-9).

Sin duda alguna necesitamos nosotros ver las cosas con los ojos del "Siervo de Yahvé", descansar en Dios, confiar en Él y creer que suya es la venganza y no nuestra. (Romanos 12:19). Muchas veces sucede que la autoridad de un siervo de Dios recién es conocida después de su desaparición física o luego de pasar por un largo trance de injusticias, pero Dios tiene promesas para aquellos que siguen fielmente el camino del "Siervo de Yahvé."

La dificultad más grande es poder manejar el sufrimiento y darle la dimensión eterna. Muchos cristianos, en ese trance de dolor, fracasan y sus corazones son carcomidos por el odio y la amargura. Por otro lado muchos cristianos creen que ser cristiano y sufrir es incompatible, cuando la vida entera de Jesús nos muestra la compatibilidad de la gracia y del sufrimiento, del dolor y de la santidad. Pablo mismo también declaró diciendo: *"Pues tengo por cierto que las aflicciones del tiempo presente no son comparables con la gloria venidera que en nosotros ha de manifestarse"* (Romanos 8:18). Y en ese mismo contexto Pablo agrega: "Todas las cosas ayudan para bien a los que a Dios aman y son llamados de acuerdo a sus propósitos" (Vs. 28).

### El siervo de Dios: Respaldo de su ministerio

Estamos crucificados no solo PARA otros sino CON otros. Oramos en el sufrimiento, y al hacerlo, somos transformados. Nuestros corazones se ensanchan para luego recibir y aceptar a la gente. Sólo cuando aprendemos a sufrir por Cristo y con Cristo podemos sufrir con los demás. De modo entonces que gozo y no miseria es la energía que nos compela bajo el sufrimiento.

Debemos aprender a redimir el sufrimiento. La pregunta ineludible es ¿cómo hacerlo?. Los valores de la oración en tiempos de sufrimiento son enormes. Para comenzar, los sufrimientos nos salvan del triunfalismo superficial. A veces escuchamos hablar a alguien de la fe, la confianza y la victoria; palabras que son correctas y cuyas historias parecen buenas, pero hay algo que no encaja del todo. El problema es que escuchamos a alguien en el lado suave de la fe, que no ha sido bautizado en el sacramento del sufrimiento.

En este proceso de oración en medio del sufrimiento, lo importante es que seamos honestos con Dios y con nosotros mismos. Cuando leemos los Salmos vemos que el salmista tenia tal confianza en su Dios que no solamente le manifestaba su dolor, sino también su queja, sus deseos de venganza, sus deseos de morirse; y no por ello Dios dejaba de amarlo. Nuestros sentimientos son algo neutro, ni buenos ni malos; el problema es qué hacemos con ellos. La oración es la mejor catarsis espiritual y emocional que podemos desarrollar en medio del dolor. En mi propia experiencia, en varios momentos de mucho dolor por injusticias e incomprensiones recibidas, la oración sincera fue mi válvula de escape.

Nunca debemos olvidar que nosotros tenemos un salvador que fue "varón de dolores y experimentado en quebranto" y yo me pregunto si el siervo que es menor que su maestro ¿no deberá pasar por la misma escuela? Hay una victoria que se vence en Cristo, pero debemos pasar por el sufrimiento, por la cruz y no por el camino de al lado o por el atajo de atrás.

Otro de los valores del sufrimiento es que nuestros corazones se ensanchan y sensibilizan y llegamos a ser luego sanadores de heridos. Soportamos la agonía que nos prepara para entrar en la angustia de otros. Llegamos a reconocer el sufrimiento de nuestro tiempo en nuestro propio corazón y ese llega a ser nuestro punto de partida para nuestro ministerio.

El mandato de llorar con los que lloran sólo lo aprendemos en la escuela de nuestro dolor, cuando a solas lloramos con Cristo. La pregunta que debemos hacernos no es ¿por qué hay sufrimiento en el mundo?, sino ¿como me interno en el sufrimiento que hay en el mundo de forma tal que pueda ser para redención y sanidad?.

El Hijo de Dios sufrió hasta la muerte, no para que nosotros los cristianos no suframos, sino para que nuestro sufrimiento sea como el de Él. Ser cristiano no nos inmuniza al dolor, sino que sensibiliza nuestros corazones para que el sufrimiento cobre en nosotros esa dimensión eterna y redentora.

Jean Nicholas Grou escribió: "Deja que tu sufrimiento sea llevado por Dios, sufre con sumisión y paciencia, sufre en unión con Jesucristo y estarás ofrendando la más excelente oración". Llegará un momento en que Dios enjugará toda lágrima de nuestros ojos; mientras tanto, en forma misteriosa Él quiere tomar nuestra tristeza y usarla para sanar a través de nosotros a un mundo herido.

Eso no significa que debemos ser pasivos con las injusticias que vemos. Con la madurez espiritual llega también la habilidad de discernir entre las pruebas que son parte normal de vivir bajo la cruz y las injusticias de un mundo malo que demanda corrección. La lucha en la oración puede ser dolorosa, pero el resultado que obtenemos justifica esa lucha, pues como Sören Kierkegaard nos recuerda, ganamos y también gana Dios, al decir: "Él hombre recto pelea en oración con Dios y conquista, pero en realidad Dios lo conquista a el."

En uno de los momentos de mayor dolor, recuerdo que Dios utilizó ese sufrimiento para mostrarme la negrura de mi propio corazón, para hacerme ver que todavía hay cosas en mi que necesitan ser crucificadas, cambiadas y transformadas. El dolor y el sufrimiento tiene su lado bueno, nos sensibiliza a tal punto que con total honestidad podemos mirarnos hacia adentro y darnos cuenta que el proceso de transformación en nosotros todavía no se ha completado.

Cuando Jacob luchó con Dios junto al río Jaboc, Jacob consiguió la bendición de Dios, pero por primera vez Dios conquistó todo el corazón de Jacob. Si no hubiera acontecido que Esaú venia al encuentro de su hermano Jacob, este no se habría entregado por completo a Dios. Pero ahora Dios lo había conquistado y Jacob había sido fortalecido para poder reencontrarse con su hermano Esaú. Y dice el texto bíblico, allí en Génesis 33:4 *"Esaú corrió al encuentro de Jacob y lo abrazó, y echándose sobre su cuello lo besó, y lloraron"*. Tantos años de dolor y sufrimiento ahora eran sanados en ese eterno abrazo. Lágrimas de gozo cayeron por sus mejillas.

Luego Jacob le dice a su hermano en el versículo 10: *"Te ruego que si ahora he hallado gracia ante tus ojos, tomes el presente de mi mano, porque veo tu rostro como uno ve el rostro de Dios, y favorablemente me has recibido"*.

Amado lector, quizás en tu corazón hayan heridas, quizás en este tiempo estás sufriendo por alguna injusticia que te han cometido, yo te invito que dejes este libro a un costado y corras al encuentro de tu Padre Dios, que te eches a su cuello, que lo abraces y que llores con Él, que le digas todo lo que has sufrido. Permite que Dios tome tu sufrimiento y te de una visión diferente. Permite que Dios te sane y redima tu sufrimiento para que puedas ser un sanador de heridos. Si así lo deseas, únete conmigo a esta oración, diciéndole a Dios: "Amado papa, gracias te doy porque soy un/a hijo/a tuyo/a, gracias porque tu amado Hijo Jesús sufrió el dolor de la incomprensión, de la injusticia, del castigo injusto y de la muerte inmerecida, para que hoy yo pueda ser sanado/a. Toma mi dolor, ensancha mi corazón y hazme sensible ante el dolor de un mundo que está herido. Hazme un instrumento de sanidad para otros. Anhelo que tu redimas mi sufrimiento y que todas estas lágrimas mías sean enjugadas por ti y me hagan un instrumento útil en tus manos. Gracias por tu sanidad y por darme una dimensión eterna a mi propio dolor. En el nombre de Jesús, Amén."

# Capítulo 7
# El siervo de Dios: Contenido de su ministerio

La misión del "Siervo de Yahvé" era traer justicia a las naciones, libertad a los presos, luz a los ciegos y a los que andan en tinieblas y sanidad a los enfermos. Como siervos de Dios, nuestro ministerio debe velar por el desarrollo de estos objetivos. En el presente capítulo analizaremos cada uno de los aspectos de la misión mencionados, y su implicancia en la tarea del líder.

**A. Trae justicia a las naciones**

Una de las tareas del "Siervo de Yahvé" era traer justicia a las naciones, implantar el derecho y la ley de Dios, es decir, difundir la revelación de su voluntad, que es justicia y orden entre los hombres. Esa revelación de la voluntad de Dios, es el establecimiento de un reino universal de justicia, lo cual no se implanta arrollando al débil. Esa justicia es la que obscuramente esperan los pueblos desconocidos y aún los conocidos. Esa justicia es la que esperan nuestros países de Latino América.

La palabra justicia (*mispat* en el Hebreo) designa aquí la acción salvífica de Dios en el mundo. La redención no fue un recurso tardío para remediar un mal imprevisto. El establecimiento de la justicia en la tierra sería su misión, y lo haría con derecho y rectitud. Así lo declara Isaías 42:4 al decir *"No se desanimará ni desfallecerá hasta que haya establecido en la tierra la justicia, y su ley esperarán las costas".*

El líder siervo

La pregunta que surge entonces es ¿son los paganos beneficiados con esta acción?. Isaías 42:6 parece indicar que sí, al mencionar la esperanza o la expectación de las remotas costas, lo cual puede concordar con la preocupación de un amor por la justicia en las relaciones internacionales (Amos 1); con la extensión probable de Isaías 14:24-27 y con la expectación de Habacuc. Aunque la misión del "Siervo de Yahvé" al principio fue escogido por Dios para bien de su pueblo, no podemos negar que los beneficios de la acción se extendieron más allá. [27]

"Justicia de Dios a las naciones" básicamente es el poder salvífico, lo cual trae como consecuencia un cambio en la estructura social y en la ideología reinante en la sociedad. La justicia es un tema predilecto en el Antiguo Testamento. Serafín de Ausejo agrega que en el Antiguo Testamento justicia significa que Yahvé obra siempre conforme a las normas definidas por su propia naturaleza y por las relaciones voluntariamente por El contraídas. Ser justo quiere decir obrar conforme al derecho (*Mispat* en hebreo), no según normas abstractas o ideales, sino según normas concretas, resultantes de la situación social de cada uno. Yahvé es justo porque obra conforme a lo que de El se espera y porque es el Dios de la alianza. Por eso las victorias, por las que se restauran los derechos de Israel, son "acciones justas" de Yahvé y los beneficios de Yahvé a su pueblo tales como la liberación, la salud y la victoria, son efectos de su justicia (Oseas 2:21; 1 Samuel 12:7; Miqueas 6:5; Isaías 41:2,10; 42:6,21; 56:1, etc.).[28] La misión del "Siervo de Yahvé" era la justicia. La misión del siervo de Dios hoy es la misma; es denunciar los pecados y las injusticias de la sociedad, es llamar a las personas a un profundo arrepentimiento y proclamarles las buenas nuevas de salvación, mediante la presencia y el compromiso de cada uno de los habitantes con el Cristo vivo.

No se puede hablar de justicia sin hacer notar la injusticia; como tampoco se puede hablar de salvación sin aclarar "salvación de que" o el estado de perdición en el que se encuentra el ser humano a causa del pecado. Jesús en Lucas 4:18-19, haciendo referencia a Isaías 61:1-3 comienza su

---
[27] L. Alonso Schokel y J. L. Sicre Diaz. Profetas. Tomo I. Madrid, Cristiandad, 1980, pg. 289
[28] R. P. Serafín de Ausejo. Diccionario de la Biblia. Barcelona, Herder, 1967, pg. 59

### El siervo de Dios: Contenido de su ministerio

ministerio en Nazaret diciendo que: *"El Espíritu del Señor está sobre mi, porque me ha ungido para anunciar el evangelio a los pobres. Me ha enviado para proclamar libertad a los cautivos, y la recuperación de la vista a los ciegos; para poner en libertad a los oprimidos; para proclamar el año favorable del Señor"*. No habrá año agradable para las personas si no reciben las buenas noticias. No habrá año agradable para aquellos que permanezcan ciegos, oprimidos, presos o que son maltratados por el enemigo. No habrá año agradable si nosotros que hemos recibido el favor de Dios no les compartimos esas buenas noticias.

El medio que el "Siervo de Yahvé" emplearía para llevar a cabo esta misión sería la fidelidad o la verdad (42:3c). Su éxito se mediría por su fidelidad en transmitir la justicia (mispat) de Dios a las naciones. La verdad seria su estandarte y la fidelidad su bandera. Claro que esto produciría crisis y rechazo, pero esa era su misión y esa debe ser nuestra misión hoy, sin importar el costo o el resultado. Lo que sí nos debe importar es la fidelidad en la proclamación de la justicia de Dios en todos los ámbitos, no solo en la iglesia, sino también para los de afuera, para la sociedad y el estilo de vida reinante.

La justicia del "Siervo de Yahvé" no se reduciría sólo para el pueblo de Israel, sino que era esperado por los gentiles también (42:4). Necesitamos romper las cuatro paredes de nuestros edificios espirituales, necesitamos hacer trastabillar nuestros pequeños pueblos felices y necesitamos introducir a Dios y su justicia en el trabajo, en la universidad y en dondequiera que nos movamos. Dios está construyendo una iglesia sin fronteras denominacionales, una iglesia sin límites, una iglesia cuyos miembros no se desarrollen en cautiverio, sino que sean capaces de enfrentar los ataques del mundo. Esa es nuestra misión y esa debe ser nuestra meta, sin desmayar hasta llevar a cabo, recordando siempre que el Espíritu de Dios está sobre nosotros (Isaías 42:1).

### B. Trae libertad a los presos

El pecado tiene al hombre atrapado en las garras del enemigo. El hom-

El líder siervo

bre natural, como dice Pablo, es siervo del pecado, es decir, de Satanás (Romanos 6:16-17). Cuando ese hombre se convierte a Cristo es liberado de esas garras, es sacado de esa prisión y es puesto en libertad, en esa libertad cristiana, la cual se manifiesta en el servicio y en la libre esclavitud a Cristo (Gálatas 5:13,, Romanos 6:18).

Hay tres acepciones en la Biblia para la palabra libertad: la situación del hombre libre por oposición a la del esclavo, la libertad moral de la voluntad y el evangelio en cuanto que es "ley perfecta de la libertad" (Santiago 1:25; 2:12)

La libertad es la condición de aquellos que son pura y exclusivamente propiedad de Dios. Para el diccionario Larousse, la libertad es la *"condición de una persona que no es propiedad de un amo"*. Esta definición es puramente negativa, que el idealismo humano y político puede, por otra parte, adornar. Para la Biblia, libre es aquel que, siendo criatura de Dios ha entrado en su alianza y, estando en esa condición, desafía todas las pretensiones totalitarias de los hombres y de su mundo.

El cautivo que todavía no está liberado de una tutela humana absoluta o, caso menos grave, el que esta momentáneamente privado de la realización material de la libertad de Dios, ya sea por exilio, persecución, dominación extranjera, etc., el tal no conoce la verdadera libertad.

Al ser Dios, por definición, el único libertador posible, sólo de él puede esperarse vigilantemente toda redención.[29] La redención es la liberación por medio de un precio. Redimir es pagar un precio para la libertad de otro. Cristo pagó un precio para nuestra libertad, su sangre fue la demanda de Dios para satisfacer su justicia.

En la Biblia, la libertad no es en primer lugar una conquista y una emancipación, individual o social, del hombre entre sus semejantes. La Escritura está lejos de poner al hombre como "vedette", haciéndole el hé-

---
[29] Jean-Jacques Von Allmen. Vocabulario Bíblico. Madrid, Ediciones Marova, 1968, pg. 183

### El siervo de Dios: Contenido de su ministerio

roe y el fin de toda la liberación. La Biblia ve al hombre en la presencia de Dios, a la vez objeto de su amor y posible juguete de las fuerzas del mundo, y considera su liberación como una reintegración en la jerarquía de la creación, bajo la autoridad de Dios, en la paz del primero y último día. Lo que la historia profana llama liberación, redención, no es bíblicamente más que un cambio de dueño, puesto que es la forma de posición de Dios sobre sus hijos, libremente esperada y aceptada.

Adán, antes de la caída, era libre por la generosa disposición del creador. Jesucristo es libre por su total sumisión al Padre, con el que es uno. El pueblo de la antigua alianza es libre en la medida en que reconoce y confiesa su milagrosa liberación por el Dios de sus padres, y; en la nueva alianza, la iglesia participa de antemano de la *"gloriosa libertad de los hijos de Dios"*, como lo manifiesta Pablo en Romanos 8:21.

El Nuevo Testamento anuncia a Jesucristo como libertador de los hombres, primero de Israel, después de las naciones. Jesucristo aporta la liberación porque restablece la relación directa de posesión y de pertenencia entre Dios y los hombres, los cristianos al menos (Lucas 4:19-21). Su venida restablece a Dios en la vida de los hombres, expulsando a los falsos dueños (perdón de los pecados, liberación de los endemoniados) y devolviendo de esa forma al hombre su terrible responsabilidad ante Dios y su inesperada dignidad entre sus semejantes.

Jesucristo es "Dios con nosotros", es nuestro Emmanuel; desde ese momento, El es el final de todas las dictaduras. La libertad ha comenzado para el que conoce la soberanía, la libertad que no es una reacción de defensa contra el entorno, ni un desprecio del mundo, sino el estatuto de una nueva creatura a la que su hacedor ha vuelto a tomar en sus manos.[30]

En un mundo que se ha separado de Dios, la libertad viene de nuevo por Jesucristo ya que allí donde actúa el Espíritu de Dios hay libertad. (Juan 8:31-36; Romanos 8:2; 2 Corintios 3:17; Gálatas 5:1) La misión del

---

[30] Jean-Jacques Von Allmen. Vocabulario Biblico. Madrid, Ediciones Marova, 1968, pg. 183

### El líder siervo

"Siervo de Yahvé" era traer la libertad en medio de la desesperanza, confusión y opresión, mediante la plena y total confianza en Dios, poniéndose Él como ejemplo (Isaías 50:9-11). La misión del siervo de Dios hoy es la misma, conducir a los hombres a que depositen su confianza en aquel que pagó un precio por su libertad, es decir, Jesucristo.

Pero la fuente de esa libertad no está en las reformas institucionales, sino en el Señor, a quien nos sometemos y servimos. Por Él están amenazados y a punto de derrumbarse todas las potencias esclavizadoras. Los tiranos de los que Jesucristo libera a los hombres son: la muerte, el pecado, la opresión, la vida sin sentido, las adicciones, etc.

Entonces, vivir libre es someterse a la soberanía efectiva del Dios vivo, es ser "poseídos" por el Espíritu Santo. Hoy día hay muchos cristianos que en nuestras iglesias son derribados por el Espíritu Santo, pero que luego sus vidas continúan de la misma manera. Lo que Dios quiere es poseernos con su Espíritu Santo para que caminemos día a día en la luz y no ser solamente derribados. Recuerdo haber escuchado la historia de un comité de una iglesia que estaba organizando un evento evangelístico. Cada uno proponía el nombre de un evangelista conocido en su época. Un hermano en reiteradas ocasiones propuso al evangelista Moody. Finalmente, ya cansado de escuchar varias veces ese nombre, otro hermano de ese comité reaccionó diciendo: Hermano, usted habla de Moody como si él tuviera el monopolio del Espíritu Santo; a lo cual el anterior respondió: "Yo no se si Moody tiene el monopolio del Espíritu Santo, lo único que sí se, es que el Espíritu Santo tiene el monopolio de Moody.

Donde está el Espíritu de Dios, allí hay libertad; y el Señor no es un Dios de desorden, sino de paz (1 Corintios14:33). Vivir libre es, según su "ley", vivir en la fe y en la obediencia de corazón (Romanos 6:17). Vivir libre no implica la anarquía social. El cristiano, iniciado por su propia salvación en la misericordia del Señor de los señores, estará sometido a las autoridades humanas en la medida en que el orden establecido no intente imponerse como absoluto y eterno.

## El siervo de Dios: Contenido de su ministerio

El estado tiene como tarea mantener el orden provisional, el mejor posible; y la libertad del cristiano consiste en vivir en ese estado dando a Jesús el primer lugar. Su actitud es, por lo tanto, de lealtad y respeto (Romanos 13:1-7; 1 Pedro 2:13-17), como también de resistencia (por el mayor bien del estado, cuando este no respeta el papel que le ha sido encomendado por el Señor, según Hechos 4:19-20 y 5:29); de firmeza, usando todos sus derechos (Hechos 16:15-39); a veces también de sufrimiento y de martirio. Los procesos de Jesús y de Pablo son modelos de la actitud de libertad, leal y constructiva, aunque incomprendida y condenada, que resulta de la obra liberadora de Dios. La libertad que la Biblia anuncia pone aquí de manifiesto su aspecto político y social.[31]

Liberar a los presos, es la misión del siervo de Dios. Pero no sólo tiene la misión de liberarlos, sino también de guiarlos a que a su vez se conviertan en siervos de Dios, esclavos libres en amor, de Jesús. Dios no solo libera, sino que saca al ser humano de la esclavitud del pecado para hacerlo esclavo en libertad de Él

No siempre se hace esto. Hay muchos que han sido liberados del pecado, pero andan dando vueltas por allí sin querer permitir que Dios sea el Señor y el nuevo amo de sus vidas, por lo tanto no encuentran la verdadera libertad. A los tales, es necesario que el siervo de Dios los guíe a la verdadera libertad que es para vida.

### C. Trae luz a los ciegos y a los que andan en tinieblas

Israel se encontraba en tinieblas, oprimido y desesperanzado. Y en medio de esa situación caótica, el profeta irrumpe con la esperanza de que el "Siervo de Yahvé" seria "luz de las naciones" (Isaias 42:6; 49:6; 50:10-11). Su misión era la de reconciliar a Israel con Dios con una nueva alianza e iluminar al mundo pagano. Jesús es saludado por el viejo Simeón, allí en el templo, en Lucas 2:31 como "luz de los gentiles" y Jesús mismo se

---

[31] Jean-Jacques Von Allmen. Vocabulario Biblico. Madrid, Ediciones Marova, 1968, pg. 184-185

El líder siervo

llamó "luz del mundo" (Juan 8:12). Este término "luz" en la Biblia tiene un amplio significado.[32]

El diccionario ilustrado de la Biblia dice que "Para los hebreos, la luz era el resplandor de la presencia de Dios y el principio de su actividad creadora. Es energía divina que existe para el bien del hombre, y fuente de vida y felicidad. Trae sabiduría y salvación. Es el vehículo de la revelación. La luz se simboliza por el día, y las tinieblas a su vez por la noche (Génesis 1:5). En el Nuevo Testamento la verdadera luz ha venido y va extendiéndose más y más (Juan 1:5; Apocalipsis 22:5). Jesús es luz (Juan 8:12), la luz que nos capacita para conocer la salvación (2 Corintios 4:4-6) y al aceptarlo somos hechos hijos de luz (Efesios 5:14; 1 Tesalonisenses 5:5). La luz se identifica además, con la santidad de Dios (1 Timoteo 6:16) y, por tanto, constituye una norma ética, pues un hijo de luz no puede andar en tinieblas (Efesios 5:8ss). La luz es, por consiguiente, instrumento de juicio (Miqueas 7:8ss.; Juan 3:17-21) y finalmente incluye un concepto escatológico (1 Pedro 2:9ss.; Apocalipsis 21:24); pasajes en donde vislumbramos el triunfo final de la luz, cuando ya jamás se podrá extinguir" (Apocalipsis 22:5).[33]

Este era el tipo de luz que Israel necesitaba y que el mundo de hoy también necesita. Está en nuestras manos ser el canal por medio del cual Dios pueda alumbrar y transformar en luz a aquellos que aún andan en tinieblas. Jesús convierte en la luz del mundo a los que creen en Él

---

[32] Von Allmen en la página 1126, con respecto a la luz dice: Este sustantivo "luz" en hebreo se emplea sobre todo en la Biblia para significar la revelación de Dios. Según el Antiguo Testamento, Dios ilumina y salva su palabra (Salmo 27:1; 36:10; 43:3; Miqueas 7:8; Isaias 60:19-20); su ley es una luz (Salmo 119:105; Proverbios 6:23; Isaías 2:2-5). Dios se vuelve hacia el hombre, y la luz de su rostro le proporciona todos los bienes, la alegría y la paz (Salmo 4:7).
El Mesías trae la liuz, El mismo es la luz (Isaías 42:6; 49:6; 51:4). La luz es el bien conocido y practicado (Isaías 5:20), la salvación futura (Isaías 9:1). Por contraste, las tinieblas significan: mal, desgracia, castigo, perdición (Amos 5:18; Isaías 5:20; 59:9; Job 18:6,18; Lamentaciones 3:2; Salmo 88:7; 107:10). Luz y tinieblas no son dos mundos opuestos estáticamente e impenetrables el uno al otro, sino que la luz llega (Salmo 43:3; Isaías 60:1-2). Dios habita en una luz inaccesible (1 Timoteo 6:16) que el hombre no puede alcanzar; pero Dios viene al encuentro del hombre para hacerlo pasar de las tinieblas a la luz; en esto consiste la salvación (Salmo 18:29; Isaías 8:23; 42:7).
[33] Wilton M. Nelson. Diccionario ilustrado de la Biblia. Miami, Caribe, 1974; pg. 387

### El siervo de Dios: Contenido de su ministerio

(Mateo 5:14; Filipenses 2:15; Efesios 5:13). Los tales reciben la luz que no deben ocultar, lo cual ocurriría si se avergonzaran del evangelio. Necesitamos asumir nuestra responsabilidad de alumbrar a un mundo que está en tinieblas, como lo manifiesta el cantante Marcos Witt en una de sus canciones.

La luz es la palabra que nos ha sido confiada y también nuestras buenas obras (Mateo 5:16). No se trata de que los cristianos nos pongamos a nosotros mismos en evidencia, sino que nuestras obras alaben a Dios, porque será manifiesto que no proceden de nosotros, sino del mismo Dios (Efesios 2:20; Juan 3:21; Filipenses 2:13; Romanos 6:13).

La aplicación a la conducta de los creyentes de la oposición luz-tinieblas, día-noche subraya el contraste entre la antigua manera de vivir, la de los paganos, y la vida nueva en Cristo. Al haber pasado de las tinieblas a la luz y dar sus frutos, según Pablo en Efesios 5:8-9; 4:1 y Gálatas 5:22-23; y vivir de modo digno a la vocación recibida, las personas han de permanecer en luz.

Un autor sugiere que en esta perspectiva de la vida nueva, dada y exigida a los creyentes hay que comprender la declaración de 1 Juan 1:5 *"Dios es luz"*. En contra de las doctrinas gnósticas, según los cuales el alma vive con Dios y el cuerpo hace lo que quiere, Juan afirma que Dios es absoluta santidad, pureza, verdad; no es posible, pues, estar en comunión con Él y vivir en el pecado. Donde no hay amor, aún pervive el reino de las tinieblas (1 Juan 2:8-11).[34]

En los textos joánicos, la luz se presenta de manera inseparable de la vida, de la verdad y del amor. Dios ha puesto todos estos bienes, que le son propios, en su Hijo, a fin de que por la fe en Él los hombres los recibamos y participemos en la vida misma de Dios. *"Luz de las naciones"*, esa es nuestra misión, es la misión específica de los siervos de Dios; para ello necesitamos concientizarnos de la ceguera en la que se encuentra la humanidad en general.

---

[34] Jean-Jacques Von Allmen. Vocabulario Bíblico. Madrid, Ediciones Marova, 1968, pg. 186

El líder siervo

También es interesante notar que la ceguera física comenzó a restaurarse con el ministerio de Jesús, el cual en varias oportunidades realizó el milagro de la recuperación de la vista. Pero, más allá de la restauración visual física, Jesús vino a restaurar la ceguera del corazón, del espíritu. Dios es el que dirigía y dirige los acontecimientos de la historia y Él hizo cargar al "Siervo" las consecuencias de las culpas ajenas, las nuestras, para darnos la verdadera luz.

La antítesis, según Calvino, es que: "en cuanto a nosotros mismos estamos descarriados, por Cristo fuimos recogidos; por naturaleza vagamos, arrojándonos de cabeza al abismo de la ruina, mas por Cristo hallamos el camino que conduce a la puerta de la vida".

Anunciar y explicar esto a la humanidad es ser luz en medio de un mundo en tinieblas. La misión del "Siervo de Yahvé" era traer luz a las naciones, su condición es que era la luz del mundo. La misión del siervo de Dios hoy es la misma y su condición, por la gracia de Dios, es similar.

**D. Trae sanidad a los enfermos**

La tremenda misión del "Siervo de Yahvé" alcanza, podríamos decir, su clímax en Isaías 53:3-6, donde le pueblo hace de relator. Los espectadores confiesan su propio pecado, es decir, los "dolores y sufrimientos" demuestran la realidad del pecado, pero, no del que sufre, sino de los que veían sufrir, o sea, el pueblo. Lo confiesan una vez que han comprendido el carácter de la satisfacción vicaria del Siervo, que sufre por los pecados de ellos. El texto nos dice así: *"Fue despreciado y desechado de los hombres, varón de dolores y experimentado en aflicción; y como uno de quien los hombres esconden el rostro, fue despreciado, y no le estimamos. Ciertamente Él llevó nuestras enfermedades, y cargó con nuestros dolores; con todo, nosotros le tuvimos por azotado, por herido de Dios y afligido. Mas Él fue herido por nuestras transgresiones, molido por nuestras iniquidades. El castigo, por nuestra paz, cayó sobre Él, y por sus heridas hemos sido sanados. Todos nosotros nos descarriamos como ovejas, nos apartamos cada cual por su camino; pero el Señor hizo que cayera sobre Él la iniquidad de todos nosotros".*

## El siervo de Dios: Contenido de su ministerio

El historiador Schökel dice que el dolor y el castigo se han separado, el castigo es "nuestro", el dolor es "suyo"; ha sido saludable no por su acción mecánica y casi mágica, sino porque nos ha conducido al arrepentimiento y al perdón. Contrastan fuertemente *"nosotros le tuvimos ....... El en cambio"*. Y se comienza a descubrir la paradoja de un castigo que sana, de unas cicatrices que curan. Eso produjo nuestra reconciliación, nuestra paz con Dios.[35]

Isaías 53:5 dice: *"Mas Él fue herido/traspasado por nuestras transgresiones, molido por nuestras iniquidades. El castigo, por nuestra paz, cayó sobre Él, y por sus heridas hemos sido sanados"*. La sanidad, desde el punto de vista bíblico, no se limita solamente a la sanidad física. Con este término hay un fuerte énfasis en la sanidad integral de la persona, física, psíquica, emocional y espiritualmente.

La raíz hebrea para sanar tiene el significado de reparar, arreglar, coser, que de alguna manera expresa el sentido original del término. En el Antiguo Testamento la palabra sanar, la mayoría de las veces, se refiere a curaciones de heridas físicas, las cuales, en el pensamiento hebreo antiguo, eran sinónimo de castigo divino por el pecado. Aunque ese era el pensamiento en general, también supieron distinguir el uno del otro (Levítico 13-15; Deuteronomio 28:27).[36] Además de las enfermedades físicas, ese término se refiere a las enfermedades espirituales como consecuencia del pecado.

Con respecto a esto Westerman dice: "Ahora bien: es esencial el hecho de que esta concepción no queda limitado a la sintomatología de cada una de las enfermedades, sino que se concreta en una comprensión básica de la situación del hombre ante Dios." [37]

Pedro, en su primer carta hace alusión al texto de Isaías diciendo: "Y

---

[35] L. Alonso Schokel y J. L. Sicre Diaz. Profetas. Tomo I. Madrid, Cristiandad, 1980, pp. 332.
[36] Westerman, Jenni. Diccionario teológico manual del Antiguo Testamento Tomo I y II. Madrid, Cristiandad, 1985, pg. 1012.
[37] Westerman, Jenni. Diccionario teológico manual del Antiguo Testamento Tomo I y II. Madrid, Cristiandad, 1985, pg. 1016.

El líder siervo

*Él mismo llevó nuestros pecados en su cuerpo sobre la cruz, a fin de que muramos al pecado y vivamos a la justicia, porque por sus heridas fuisteis sanados"* (2:24). El término griego que aquí Pedro utiliza es iaomai, sanar, curar, incluyendo ambas dimensiones; la anulación de la enfermedad y la nueva salud.

Este término en el Nuevo Testamento, se utiliza la mayoría de las veces para la sanidad física, efectuado por Cristo o por sus discípulos; pero, cuando Jesús hace cita del pasaje de Isaías 6:10, el verbo griego que se utiliza es *iasomai*, que se traduce por: "yo sane". El contexto en el cual Jesús está utilizando este término se refiere a una sanidad espiritual e integral.

El término salvación, en griego *soteria*, provine de *sozo* (salvar), el cual a su vez tiene como raíz el término *saos*, el cual significa sano. *Sozo* significa: "mantener en buena salud, conservar, preservar".[38]

En el Antiguo testamento había una comprensión más integral de la sanidad en las personas. En el Nuevo Testamento aparentemente ya se ha perdido bastante eso, quizás por la gran influencia helénica, quienes separaban el cuerpo del espíritu. Pero Cristo se mantuvo al margen de esa influencia y continuó pensando en la sanidad como algo integral. Refiriéndose a Zaqueo, en Lucas 19:10 Jesús dice: *"Porque el Hijo del Hombre ha venido a buscar y a salvar lo que se había perdido".*

Esa era la misión del "Siervo de Yahvé", sanar al quebrantado y enfermo de corazón. Sus llagas, cicatrices y muerte, hicieron posible esto. Eso es lo que también debemos nosotros, como siervos de Dios, anunciar hoy. Lamentablemente algunas iglesias han ido al extremo del péndulo y anuncian básicamente la sanidad física como un anzuelo para la congregación de multitudes, cuando tendría que ser al contrario, la sanidad física como consecuencia de una sanidad integral, partiendo de la reconciliación del hombre con Dios.

---

[38] X León-Dufour. Diccionario del Nuevo Testamento. Madrid, Cristiandad, 1977, pg.392.

### El siervo de Dios: Contenido de su ministerio

El ministerio del siervo de Dios hoy debe ser íntegro, abarcando a la persona en su totalidad y a la sociedad en general. Sanidad, luz, libertad y justicia a las naciones debe ser nuestro lema principal para anunciar y la meta primordial a alcanzar.

# Capítulo 8
# El siervo de Dios: Promesas para su ministerio

Necesitamos partir de la premisa que todas las promesas de Dios hacia sus hijos están condicionadas por el cumplimiento de sus demandas. Jesús dijo: *"Si alguno me ama, guardará mi palabra, y mi Padre lo amará, y vendremos a él, y haremos morada con él"* (Juan 14:23).

El amor de Dios y la presencia especial de la trinidad en el cristiano, está condicionada por la obediencia a las Escrituras. Como el "Siervo de Yahvé" fue obediente y no retrocedió, las promesas de Dios hacia Él fueron una realidad. Isaías 50:5 dice: *"El Señor Dios me ha abierto el oído; y no fui desobediente, ni me volví atrás"*

**A. Dios lo sostiene y lo guarda**

Para una mejor comprensión de esta verdad citaremos algunas de estas promesas, como ser: *"He aquí mi siervo, a quien yo sostengo"* (Isaías 42:1); *"Yo soy el Señor, en justicia te he llamado, te sostendré por la mano y por ti velaré"* (Isaías 42;6); *"Y ahora dice el Señor, porque honrado soy a los ojos del Señor y mi Dios ha sido mi fortaleza"* (Isaías 49:5).

Dios conocía la docilidad y obediencia de su "Siervo", pero También sabía que su tarea sería difícil e irrealizable con sólo las fuerzas humanas. Es por eso que le prometió estar con él, fortalecerlo, cuidarlo y guardar-

El líder siervo

lo de una manera especial, tan especial que el pueblo llegaría a pensar que Dios lo estaba castigando. El "Siervo de Yahvé" aceptó y creyó esas promesas, porque el mismo en medio del sufrimiento, de las injurias, de la soledad y de la angustia pudo decir: *"El Señor Dios me ayuda, por eso no soy humillado, por eso como pedernal he puesto mi rostro, y se que no seré avergonzado. Cercano está el que me justifica ¿quién contenderá conmigo?. Comparezcamos juntos ¿quién es el enemigo de mi causa?, que se acerque a mí. He aquí, el Señor Dios me ayuda, ¿quién es el que me condena?* (Isaías 50:7-9).

Él creyó en la ayuda de Dios, por eso no se consideraba avergonzado ni humillado, aunque el pueblo, lo que él tuvo que sufrir, lo consideraba como algo humillante y vergonzoso. Pero para el "Siervo" no fue así porque él no pensaba en sí mismo, sino que pensaba en los demás y en lo que lograría con todo ese sufrimiento.

Las promesas de Dios están para creerlas y no sólo para memorizarlas; están para apropiarlas para nuestras vidas y vivir condicionados por las mismas. Si Dios nos promete su presencia ¿por qué hemos de temer?. En una ocasión alguien se dedico a contar todas las promesas que podemos hallar en la Biblia, y llegó al asombroso resultado de casi 7.500 promesas.[39] Entre ese gran número de promesas hay algunas específicas que los siervos las podemos reclamar hoy.

Hay ocasiones en que la única esperanza que el siervo de Dios tiene está en algo que Dios ha declarado en su Palabra, en que Él prometió que la obra del siervo no es en vano. En los momentos más difíciles de nuestro ministerio lo único que nos sostuvo fueron las promesas de Dios. Recuerdo algunas de ellas, como ser, saber que Él me había llamado al ministerio aún cuando era un niño, o tener la certeza de su presencia cuando aparentemente estábamos solos, o saber de que Él se comprometió en ser nuestro abogado y defensor ante las injusticias, o que es nuestro proveedor.

---

[39] Charles R. Swindoll. Desafío a servir. Puerto Rico, Betania, 1983. Pp. 189.

El siervo de Dios: Promesas para su ministerio

Para una mejor comprensión de este punto, dividiremos esas promesas en dos grupos: las que se relacionan con la fidelidad de Dios, y las que se relacionan con nuestra fidelidad.

## 1. Promesas que se relacionan con la fidelidad de Dios

Hay cientos de promesas relacionadas con la fidelidad de Dios, pero mencionaremos solamente algunas de ellas. Isaías 41:10 dice: *"No temas, porque yo estoy contigo. Te fortaleceré, ciertamente te ayudaré, si, te sostendré con la diestra de mi justicia"*. Y un poco más adelante Isaías declara en el capítulo 49:14-16 *"Pero Sión dijo: El Señor me ha abandonado, el Señor se ha olvidado de mi. ¿Puede una mujer olvidar a su niño de pecho, sin compadecerse del hijo de sus entrañas?. Aunque ellas se olvidaran, yo no te olvidaré. He aquí, en las palmas de mis manos, te he grabado; tus muros están constantemente delante de mi"*.

¿No le parece fantástico? Más fiel que una madre que cría a sus hijos, nuestro Dios nos vigila y se preocupa por nosotros. ¿Quién de nosotros no habrá sentido alguna vez desfallecer, cansado y solo/a? Sin embargo Dios nos ha prometido que estará a nuestro lado para fortalecer nuestros brazos caídos, para ayudarnos en medio de la soledad y para sostenernos cuando pareciera que estamos a punto de caer. En un momento de la historia de Israel cuando tuvo que enfrentar al ejército enemigo, dice el relato bíblico que, mientras Moisés mantenía sus brazos en alto, su ejército prevalecía sobre el enemigo, pero cuando sus brazos caían, el ejército enemigo prevalecía sobre el de Israel. Entonces, al ver esto Aarón y Ur decidieron mantener los brazos en alto de Moisés hasta que la batalla terminara. Hay momentos en nuestras vidas en donde necesitamos mantener en alto nuestras manos como señal de victoria y de dependencia en Dios. Quizás no lo podemos hacer solos, por eso Dios nos ha dado una familia, su iglesia, para que esta nos sostenga en alto los brazos mediante la oración, el ánimo y la compañía.

Con frecuencia recibimos consejos del apóstol Pablo, veamos algunas de las promesas que él escribió guiado por el Espíritu Santo. En 2

El líder siervo

Corintios 4:16-18 Pablo declara: *"Por tanto no desfallecemos, antes bien, aunque nuestro hombre exterior va decayendo, sin embargo nuestro hombre interior se renueva de día en día. Pues esta aflicción leve y pasajera nos produce un eterno peso de gloria que sobrepasa toda comparación, al no poner nuestra vista en las cosas que se ven, sino en las que no se ven; porque las cosas que se ven son temporales, pero las que no se ven son eternas".*

Dios se ha comprometido en darnos las fuerzas suficientes, se ha comprometido en renovar nuestra mente y espíritu, de tal manera que aunque lo exterior decaiga, lo interior crezca, se fortalezca y prevalezca por encima de las dificultades.

Y ¿quién se puede olvidar la promesa de Filipenses 4:19 donde dice: *"Mi Dios pues proveerá a todas vuestras necesidades, conforme a sus riquezas en gloria en Cristo Jesús"*?. O ¿quién puede olvidar las palabras de esperanza que se pronunciaron con respecto a un siervo amado llamado Onesíforo, en 2 Timoteo 1:16-18? Donde Pablo dice: *"Conceda el Señor misericordia a la casa de Onesíforo, porque muchas veces me dio refrigerio, y no se avergonzó de mis cadenas, antes bien, cuando estuvo en Roma, me buscó con afán y me halló; que el Señor le conceda hallar misericordia del Señor en aquel día. Además, los servicios que prestó en Éfeso, tu lo sabes mejor"*

Nuestro fiel Dios jamás olvidará a los suyos. Tal vez las promesas más conocidas que tengamos en mente los cristianos como una esperanza final sean las de Apocalipsis 21:1-4 y 22:3-5, donde el apóstol Juan declara: *"Y vi un cielo nuevo y una tierra nueva, porque el primer cielo y la primera tierra pasaron, y el mar ya no existe. Y vi la ciudad santa, la nueva Jerusalén, que descendía del cielo, de Dios, preparada como una novia ataviada para su esposo. Entonces oí una gran voz que decía desde el trono: He aquí, el tabernáculo de Dios está entre los hombres, y El habitará entre ellos y ellos serán su pueblo, y Dios mismo estará entre ellos. El enjugará toda lágrima de sus ojos, y ya no habrá muerte, ni habrá más duelo, ni clamor, ni dolor, porque las primeras cosas han pasado". "Y ya*

### El siervo de Dios: Promesas para su ministerio

*no habrá más maldición; y el trono de Dios y del Cordero estará allí, y sus siervos le servirán. Ellos verán su rostro, y su nombre estará en sus frentes. Y ya no habrá más noche, y no tendrán necesidad de luz del sol, porque el Señor Dios los iluminará, y reinarán por los siglos de los siglos".*

Habrán días, en el continuo servir, muy desalentadores y noches largas en las cuales serán necesario permitir que estas promesas penetren hasta lo más profundo del ser y realicen allí la sanidad que se necesite. Nosotros mismos, a lo largo de nuestros años de ministerio una y otra vez, en medio del desaliento y el dolor fuimos fortalecidos por las promesas de Dios. Muchas de las noches en donde era difícil conciliar el sueño, el Señor nos dio fortaleza y consuelo.

De todas las promesas relacionadas con la fidelidad de Dios, hay una que se destaca, que debería estar en negrillas, y es la de Hebreos 6:10, donde el autor dice: *"Porque Dios no es injusto como para olvidarse de nuestra obra y del amor que habéis demostrado hacia su nombre, habiendo servido, y sirviendo aún, a los santos".* Parafraseando este versículo podría quedar algo así: "Dios no es injusto ¿cómo podría olvidar el ardor con el que ustedes han trabajado, o el amor que le han demostrado y le siguen demostrando al ayudar a los demás hermanos en la fe? "[40]

El autor de la epístola está halando a creyentes en Cristo y escribe esto a causa de la preocupación que tienen por unos pocos cristianos del primer siglo que habían comenzado a enfriarse espiritualmente y a apartarse del andar íntimo con Dios. Él los anima a que continúen firmes, creyendo que Dios los recompensará. En otras palabras, les recuerda aquella gran verdad que la mayoría tenemos la tendencia de olvidar cuando los días se convierten en una larga y lenta carrera de obstáculos. ¡DIOS ES FIEL!. Dios es firme en su lealtad a su pueblo. Él no nos abandonará en medio de las dificultades. Él cumple su promesa.

La fidelidad sugiere la idea de lealtad, de responsabilidad, de constancia,

---
[40] Charles R. Swindoll. Desafío a servir. Puerto Rico, Betania, 1983. Pp. 191.

El líder siervo

de resolución, de firmeza y de consecuencia. En el no hay carácter voluble, no tiene una disposición de ánimo que varia cada rato, como las olas del mar. Él recuerda nuestra obra, cada una individualmente y también tiene en cuenta el amor que hay en nosotros y que impulsó la obra. Dios no es deudor de nadie, a cada uno de sus hijos le da el correspondiente pago, como lo expresa en Mateo 25:23, al decir: *"Bien, buen siervo y fiel; en lo poco fuiste fiel, sobre mucho te pondré; entra en el gozo de tu Señor"*.

Aún los mejores siervos se cansan y el deseo del Señor es animarles para que sean diligentes y para que confíen en Él, a pesar de las demandas del trabajo. Es por eso que el mismo autor de Hebreos escribe diciendo: *"Pero deseamos que cada uno de vosotros muestre la misma solicitud hasta el fin, para alcanzar la plena seguridad de la esperanza, a fin de que no seáis indolentes, sino imitadores de los que mediante la fe y la paciencia heredan las promesas"* (6:11-12).

## 2. Promesas que se relacionan con nuestra fidelidad

Hay varias promesas en el Nuevo Testamento, pero citaremos solamente tres: 1 Corintios 15:58; Gálatas 6:9-10 y Efesios 6:7-8, donde dicen respectivamente: *"Por tanto, mis amados hermanos, estad firmes, constantes, abundando siempre en la obra del Señor, sabiendo que vuestro trabajo en el Señor no es en vano"*; *"Y no nos cansemos de hacer el bien, pues a su tiempo, si no nos cansamos, segaremos. Así que entonces, hagamos bien a todos según tengamos oportunidad, y especialmente a los de la familia de la fe"*; *"Servid de buena voluntad, como al Señor y no a los hombres; sabiendo que cualquier cosa buena que cada uno haga, esto recibirá del Señor, sea siervo o sea libre"*. Dios ha organizado un sistema de recompensas en conformidad a un arreglo único. Él ofrece a sus siervos recompensas temporales y eternas.

Una promesa temporal es: 2 Corintios 4:7-11, donde Pablo dice: *"Pero tenemos este tesoro en vasos de barro, para que la extraordinaria grandeza del poder sea de Dios y no de nosotros. Afligidos en todo, pero no agobiados; perplejos, pero no desesperados; perseguidos, pero no abandonados;*

### El siervo de Dios: Promesas para su ministerio

*derribados, pero no destruidos; llevando siempre en el cuerpo por todas partes la muerte de Jesús, para que también la vida de Jesús se manifieste en nuestro cuerpo. Porque nosotros que vivimos, constantemente estamos siendo entregados a muerte por causa de Jesús, para que también la vida de Jesús se manifieste en nuestro cuerpo mortal".* Los versículos 10 y 11 son el lado positivo escrito después de lo que podríamos llamar "el lado doloroso" o como lo expresara san Juan de la Cruz "la noche oscura del alma". La recompensa es que: "la tranquila conciencia de que la vida de Cristo se está modelando en nosotros".

Otra promesa temporal puede ser la de 2 Corintios 4:15, donde Pablo expresa: *"Porque todo esto es por amor a vosotros, para que la gracia que se está extendiendo por medio de muchos, haga que las acciones de gracias abunden para la gloria de Dios".* En otras palabras, no está escondida. El Señor expresa y dice que cuando desarrollamos el papel de siervos, existe la realización de que se está estimulando un espíritu de acción de gracias.

Algunas de las recompensas eternas las encontramos escritas en Mateo 10:41-42 en donde Jesús declara: *"El que recibe a un profeta como profeta, recibirá recompensa de profeta; y al que recibe a un justo como justo, recibirá recompensa de justo. Y cualquiera que como discípulo dé de beber aunque sólo se aun vaso de agua fría a uno de estos pequeños, en verdad os digo que no perderá su recompensa".* También tenemos otras coronas, como ser:

1. La corona incorruptible; 1 Corintios 9:24-27
2. La corona de justicia; 2 Timoteo 4:7-8
3. La corona de gozo; Filipenses 4:1 y 1 Tesalonisenses 2:19-20
4. La corona de la vida; Santiago 1:12
5. La corona de gloria; 1 Pedro 5:1-4

Después de recibir esas coronas se nos dice que ocurrirá lo siguiente: *"Y cada vez que los seres vivientes dan gloria, honor y acción de gracias al que esta sentado en el trono, al que vive por los siglos de los siglos, los*

El líder siervo

*veinticuatro ancianos se postran delante del que está sentado en el trono, diciendo: Digno eres, Señor y Dios nuestro, de recibir la gloria y el honor y el poder, porque tu creaste todas las cosas, y por tu voluntad existen y fueron creadas"* (Apocalipsis 4:9-11).

La gloria y la alabanza pertenecen al único Dios vivo y verdadero. El Señor está esperando a sus siervos para darle la bienvenida. A los que sirven, a los que están en donde el "Siervo de Yahvé" estuvo hace muchos siglos, Él le promete recompensas, y podemos estar seguros de que Él cumplirá sus promesas, porque ¡DIOS ES FIEL!.

**B. Dios lo pone como pacto para el pueblo**

Otra de las promesas de Dios para su Siervo es que lo pondrá como pacto para el pueblo. Isaías 42:6 lo declara así: *"Yo soy el Señor, en justicia te he llamado; te sostendré por la mano y por ti velaré, y te pondré como pacto para el pueblo, como luz para las naciones"*. Esta promesa está muy relacionada con su misión en la totalidad.

De acuerdo al Diccionario Ilustrado, pacto significa: "El convenio que expresa la relación especial de Yhavé con su pueblo y resume la forma y estructura de la religión bíblica en ambos Testamentos. La palabra hebrea *berit* ocurre 285 veces en el Antiguo Testamento, y la palabra griega *diatheke* 33 veces en el Nuevo Testamento; ambas se traducen "pacto". El pacto siempre es un acuerdo mutuo entre dos o más socios que los vincula y obliga a una reciprocidad de beneficios y obligaciones".[41]

El primer pacto fue realizado con Adán, según Génesis los primeros tres capítulos; aunque este término no aparece. La promesa de un nuevo pacto en Jeremías 31:33 es la renovación decisiva y final del pacto eterno que se cumplió en Jesucristo. Dios, por medio del profeta dice así: *"Porque este es el pacto que haré con la casa de Israel después de aquellos días, declara el Señor,. Pondré mi ley dentro de ellos, y sobre sus corazones la escribiré; y yo seré su Dios y ellos serán mi pueblo"*.

---

[41] Wilton M. Nelson. Diccionario ilustrado de la Biblia. Miami, Caribe, 1974; pg. 478

El siervo de Dios: Promesas para su ministerio

Como el segundo Adán e imagen de Dios, Jesús cumplió con los requerimientos del pacto por parte de los humanos y así renovó la imagen divina en el hombre (Romanos 5:12-21; 2 Corintios 3:18). El pacto que Dios hace con sus hijos se lleva a cabo cuando estos aceptan la invitación de comprometerse con Él y seguirle. Génesis 12:1-3 y 1 Juan 5:9-13 dicen: *"Y el Señor dijo a Abram: Vete de tu tierra, de entre tus parientes y de la casa de tu padre, a la tierras que yo te mostraré. Haré de ti una nación grande, y te bendeciré, y engrandeceré tu nombre, y serás bendición. Bendeciré a los que te bendigan, y al que te maldiga, maldeciré. Y en ti serán benditas todas las familias de la tierra".* *"Si recibimos el testimonio de los hombres, mayor es el testimonio de Dios; porque este es el testimonio de Dios: que Él ha dado testimonio acerca de su Hijo. El que cree en el Hijo de Dios tiene el testimonio en sí mismo; el que no cree a Dios, ha hecho a Dios mentiroso, porque no ha creído en el testimonio que Dios ha dado respecto a su Hijo. Y el testimonio es este: que Dios nos ha dado vida eterna, y esta vida está en su Hijo. El que tiene al Hijo tiene la vida, y el que no tiene al Hijo de Dios, no tiene la vida. Estas cosas os he escrito a vosotros que creéis en el nombre del Hijo de Dios, para que sepáis que tenéis vida eterna".* El que ha entrado en el pacto con Dios, entendiendo los beneficios y cumpliendo las obligaciones, tiene la promesa de que Dios le cuidará. 1 Juan 5:18; Juan 16:33 y Mateo 28:20 declaran: *"Sabemos que todo el que ha nacido de Dios, no peca, sino que aquel que nació de Dios le guarda y el maligno no le toca"; "Estas cosas os he hablado para que en mi tengáis paz. En el mundo tenéis tribulación; pero confiad, yo he vencido al mundo"; "Yo estoy con vosotros todos los días, hasta el fin del mundo"*

El siervo de Dios hoy también necesita apoderarse de estas promesas, creerlas, vivirlas y hacerlas vivir a los demás. Dios está buscando hombres y mujeres que se pongan en la brecha, que intercedan por un mundo caído, lejos y enemigo de Dios. Nosotros podemos ser puestos por Dios como pacto para el pueblo, como sacerdotes y ministros de fuego entre un mundo imperfecto y un Dios santo.

### C. Dios lo justifica

Porque Dios lo ha justificado de antemano es que el "Siervo de Yahve"

El líder siervo

puede soportar las afrentas, las injurias, el desprecio y la soledad. Todo lo que viene después es en vano. Los que quieran condenarlo desaparecerán, se esfumarán como ropa comida por la polilla. Isaías 50:8-9 declara: *"Cercano está el que me justifica; ¿quién contenderá conmigo? Comparezcamos juntos ¿quién es el enemigo de mi causa? Que se acerque a mi. He aquí, el Señor Dios me ayuda; ¿Quién es el que me condena? He aquí, todos ellos como un vestido se gastarán, la polilla se los comerá".*

No podemos pensar que esta promesa sea el resultado de la fidelidad en el ministerio como tal; sino sería justificación por obras. Este texto citado más bien se está refiriendo que nadie podrá condenar al "Siervo de Yahve" porque Dios ya lo ha justificado, porque Dios está de su lado ayudándolo y defendiéndolo. Quizás el lado positivo de esto podamos unirlo al hecho de que Dios se complace en su siervo, como requisito y como promesa. Podría ser visto como un circulo cerrado.

Aplicando esta promesa al siervo de Dios hoy, podríamos decir que a aquel a quien Dios ya ha justificado (salvado), nada ni nadie podrá condenarlo. Y nos unimos a Pablo y preguntamos: *"Si Dios está por nosotros ¿quién estará en contra de nosotros?. Ninguna cosa creada que está abajo, en o sobre la tierra podrá separarnos del amor de Dios que es en Cristo Jesús Señor nuestro"* (Romanos 8:31-39).

Esto no admite la vida de libertinaje e irresponsabilidad, porque uno de los requisitos para ser siervos de Dios es la irreprensibilidad: así lo expresan 1 Timoteo 3:2,10 y Tito 1:6, requisito que se demanda de todo creyente, según 2 Pedro 3:14. También está la promesa para el creyente de la presencia de un abogado que defenderá nuestra causa, si ya hemos sido justificados por Él (1 Juan 2:1).

Pero, además, esta promesa está muy relacionada al hecho de que Dios quiere hallar a su gente como "siervos fieles" (Mateo 25:21). Por lo tanto es necesario que nosotros procuremos con diligencia presentarnos ante Dios aprobados, como obreros que no tenemos de que avergonzarnos, que manejamos con precisión la Palabra de Dios (2 Timoteo 2:15).

El siervo de Dios: Promesas para su ministerio

Con la promesa de la presencia de Dios, de su justificación, el siervo de Dios podrá sobrellevar, al igual que el "Siervo de Yahve" cualquier tipo de injusticia que se le haga y esa misma promesa de compañía debe servir como incentivo para presentarse ante Dios como un siervo aprobado, como uno que ha acabado la carrera, como uno que a peleado la buena batalla y ha guardado la fe; al cual le está guardado la corona de justicia, la cual, el Señor, juez justo, le dará en aquel día; a todos los que aman su venida, según Pablo, escribiendo a 2 Timoteo 4:7-8.

**D. Dios lo pone en alto y lo prospera**

La realidad era que mientras el "Siervo de Yahve" estaba en la tierra, lo que menos el pueblo creía era la exaltación del mismo. Pero Dios hace la presentación de su Siervo en Isaías 52:13 anunciando su futuro triunfo y exaltación, al decir: *"He aquí, mi siervo prosperará, será enaltecido, levantado y en gran manera exaltado".*

Desde el principio Dios anuncia el triunfo de su siervo, su gloria y exaltación. A eso apunta todo su ministerio y esa promesa es infalible. La promesa está condicionada por el hecho de que Dios ha puesto su Espíritu sobre Él (42:1) y cuando Dios se propone a exaltar a alguien, ni la misma muerte podrá impedirlo, porque Dios mismo prolongará sus días (Isaías 53:10).

El verbo que se traduce "prosperará" (52:13) tiene varias connotaciones, pero en el fondo expresa la idea de un comportamiento prudente y sabio, que práctica una benéfica cordura. El que procede con sabiduría tendrá éxito. No necesariamente se refiere a éxito material como algunos de los propulsores de la teología de la prosperidad lo han proclamado. Así también lo expresa el Salmo 1:1-2 al declarar: *¡Cuán bienaventurado es el hombre que no anda en el consejo de los impíos, ni se detiene en el camino de los pecadores, ni se sienta en la silla de los escarnecedores, sino que en la ley del Señor está su deleite, y en su ley medita de día y de noche! Será como el árbol firmemente plantado junto a corrientes de agua que da su fruto a su tiempo, y su hoja no se marchita; en todo lo que hace prospera".*

El líder siervo

El "Siervo" utiliza los mejores medios para alcanzar los fines más altos. La traducción "prosperará" no es lo suficientemente exacta, porque es probable que el verbo incluya la idea de acción inteligente y eficaz. El siervo, al llevar a cabo su misión en la tierra, tendrá éxito. La idea se introduce aún antes de hacer mención directa al siervo, y no se presenta otra vez sino hasta el versículo 10 del capítulo 53. Desde el comienzo se acentúa la cordura, práctica y benéfica del siervo, porque de Isaías 52:10 en adelante aparece como alguien que los hombres estiman digno de ser castigado por sus propios pecados. [42]

Lo que para Dios es exaltación para el mundo es humillación y vergüenza. Pero bien sabemos que si el siervo de Dios hoy tiene el Espíritu de Dios en él y hay una convicción en su llamado, todo lo que puedan hacerlo en definitiva Dios lo transformará en exaltación en esta o en la otra vida.

Además, como la misión del siervo está muy ligada a la obediencia a los mandatos de su creador, patrón y amo, la promesa de prosperidad puede ser una realidad en esta vida, de acuerdo a lo que Dios declara en Deuteronomio 28:1-14. Trataremos de desglosarlo brevemente:

- Vs. 1            Dios lo pondrá en alto sobre todas las naciones
- Vs. 2-6; 11-12   Dios proveerá de su alimento
- Vs. 7            Dios lo ayudará a vencer a sus enemigos
- Vs. 8            Dios bendecirá su trabajo
- Vs. 9            Dios lo establecerá como un hombre santo
- Vs. 10           Dios infundirá temor en los demás hacia el obediente
- Vs. 13           Dios lo pondrá por cabeza y no por cola, estará encima y nunca abajo.

Estas podrían ser algunas de las bendiciones que podemos incluir dentro del verbo "prosperar". Además tenemos promesas de larga vida y otras más en Deuteronomio 11:18-25 en donde el autor en forma resumida dice:

---

[42] Publicaciones del profesorado del seminario "Juan Calvino", Revista Teológica; México, Taller de tipografía indígena, 1977. Pg. 19

## El siervo de Dios: Promesas para su ministerio

- Vs. 21  Dios alargará los días de nuestra vida
- Vs. 23  Dios expulsará a las naciones enemigas
- Vs. 24  Todo lugar que pise la planta de nuestros pies será nuestro
- Vs. 25  Nadie podrá hacernos frente

A veces ocurre que la exaltación y la prosperidad recién se disfruta después de esta vida, esperanza por la cual debemos perseverar todos los cristianos. En el caso del "Siervo de Yahvé" debemos notar su exaltación en su sepultura con los ricos (53:9). Lo que los hombres le dieron al Siervo fue deshonra y afrenta, y lo que Dios le dio fue honra, aún en su sepultura.

Los impíos son los criminales que han actuado maliciosamente. Los hombres asignaron el sepulcro entre los criminales. Después de morir de una manera atormentada, sin embargo estuvo con un rico. Young dice que las palabras sepultura y muerte deben tomarse juntas. En su muerte y sepultura el siervo estuvo con los ricos y con los impíos. A la vez, en cierto sentido, se puede decir que su exaltación y glorificación empezaron con su muerte, porque la muerte fue honorable y no lo que los malvados se propusieron.

En la segunda mitad del versículo, Isaías da la razón del nuevo giro que tomó la muerte del siervo. Se le dio al Siervo sepultura honorable, después de su muerte deshonrosa, a causa de su inocencia perfecta. Por lo tanto, en vista de que no había actuado como sus enemigos criminales, no recibirá sepultura deshonrosa, sino sepultura honorable con los ricos.[43]

Esto lo vemos cumplido en la muerte y sepultura de Jesucristo, quien murió entre pecadores y fue puesto en el sepulcro de un rico llamado José de Arimatea (Juan 19:17-42). No sabemos si todos los siervos de Dios hoy participarán de una sepultura similar, pero lo que sí sabemos

---

[41] Publicaciones del profesorado del seminario "Juan Calvino", Revista Teológica; México, Taller de tipografía indígena, 1977. Pg. 29

es, que todos serán partícipes de un hecho fantástico, como es el de la resurrección de los muertos, con cuerpos glorificados, para vida eterna, como lo expresa Pablo en Filipenses 3:21 al decir *"El cual transformará el cuerpo de nuestro estado de humillación en conformidad al cuerpo de su gloria, por el ejercicio del poder que tiene aún para sujetar todas las cosas a sí mismo"*.

### E. Dios lo resucita

Parte del versículo 10 de Isaías 53 dice: *"Prolongará sus días"*. Lutero lo traduce *"la duración de su vida"*, es decir, su futura vida no tendrá fin. Parte del versículo 11, la Biblia de Jerusalén traduce: *"Por las fatigas de su alma, verá luz..."*. Luego de la dura prueba del alma, verá la luz y estará satisfecho. La LXX traduce "luz", mientras que el Qumrán traduce luz por resurrección. Lo cierto es que la resurrección del Siervo es victoriosa. [44]

En Jesucristo vemos el cumplimiento de esta promesa. Dios lo resucitó, la muerte no pudo retenerlo y su nombre fue puesto por encima de todo nombre (Hechos 4:12), ya que voluntariamente cumplió con su misión, muriendo en la cruz, *"por lo cual Dios también lo exaltó hasta lo sumo, y le dio un nombre que es sobre todo nombre, para que en el nombre de Jesús se doble toda rodilla de los que están en los cielos y en la tierra, y debajo de la tierra, y toda lengua confiese, que Jesucristo es el Señor, para gloria de Dios Padre"* (Filipenses 2:9-11).

Los hombres lo humillamos, pero llegará un día en que todos tendrán que humillarse arrodillándose delante de Él. Todos los que le siguieron participarán de una resurrección similar (1 Corintios 15:20-23). Todos resucitarán, pero no todos para vida eterna. Y los que resucitan para vida eterna, no todos tendrán las mismas recompensas y coronas. Cada cual recibirá de acuerdo a la fidelidad y a la perseverancia en los caminos y en el ministerio hacia Dios.

La realidad es que hay muchas mas promesas para los siervos de Dios,

---

[44] Esteban Voth, Apuntes de Antiguo Testamento, 1986.

para aquellos que lo sigan con fidelidad y obediencia. Pero, he tratado de mostrarles algunas que son de mayor importancia. También es interesante notar que todas estas promesas y bendiciones, coronas, recompensas y ministerios; tienen como fin una sola meta, la gloria de Dios Padre.

# Capítulo 9
# El siervo de Dios:
# Propósitos de su ministerio

En el primer cántico del "Siervo de Yahvé" (42:8), notamos algo interesante. Dios, luego de presentar a su Siervo dice: *"Yo soy el Señor, ese es mi nombre; mi gloria a otro no daré, ni mi alabanza a imágenes talladas"*. En este texto encontramos tres propósitos básicos:

## A. Reconoce a Dios como Señor del universo

*"Yo soy el Señor, ese es mi nombre"* (8ª). En el Antiguo Testamento encontramos que Dios se presenta con diversos nombres. Aquí, debido a que los Masoretas puntualizaron las vocales debajo del tetragrama YHWH (Yahvé) se pronuncia Adonai en hebreo, ya que los judíos, por respeto a Dios, no pronunciaban el nombre Yahvé.[45]

El nombre Yahvé es el que especialmente fue desplazando poco a poco a los otros nombres, pues en este, Dios se reveló como el Dios de gracia. Siempre se ha considerado que este es el más sagrado y el más característico de los nombres de Dios, el más incomunicable. Los masoretas, aunque dejaban intactas las consonantes le asignaron las vocales de Adonai o Elohim, con más frecuencia el primero. Berkhof dice: "La

---

[45] P. Van Imschoot. Teología del Antiguo Testamento. Madrid, Ediciones FAX, 1969, pg. 46.

El líder siervo

verdadera derivación del nombre, su pronunciación original y su significado, están más o menos perdidos en la oscuridad. [46]

Podemos pensar que el "Yo soy" de Isaías 42:8ª está muy relacionado con Éxodo 3:13-14, donde Dios se presenta como "Yo soy el que soy". Con esta interpretación el nombre apunta a la inmutabilidad de Dios. No obstante, no se refiere a la inmutabilidad del ser esencial de Dios, sino a la inmutabilidad de la relación que tiene con su pueblo.

El nombre contiene la seguridad de que Dios será para el pueblo del tiempo de Moisés, lo que fue para sus padres, Abraham, Isaac y Jacob. Insiste en la fidelidad del pacto de Dios usando su nombre por excelencia (Éxodo 15:3; Salmo 83:19; Oseas 12:6; Isaías 42:6), y por eso no se usa con frecuencia a ningún otro, sino solamente al Dios de Israel.

El nombre que se utiliza en Isaías 42:8, como dijimos, es Adonai, cuyo significado es: juzgar, gobernar, y por eso sirve para designar a Dios, el todopoderoso regente, a quien están sujetas todas las cosas y ante quien el nombre se relaciona como siervo.[47] El significado sintetizado de Adonai es: Señor.

El "Siervo de Yahvé", en su ministerio terrenal ha dejado bien claro esto. En la mayoría de los discursos de Jesús, Él deriva su autoridad del Padre, y lo presenta como el Señor del universo, por ejemplo en el Padre Nuestro; y de su propia existencia.

El propósito del ministerio del siervo de Dios hoy debe ser igual. Dios debe ser reconocido por los demás como el único Señor del universo, de la humanidad y especialmente, como único Señor de su propia vida. El ministerio, por más éxito numérico que pueda tener, si no produce en la vida del siervo y en la de los demás, una sumisión al señorío de Cristo, no es un ministerio completamente verdadero. El verdadero siervo de

---

[46] L. Berkhof. Teología Sistemática. México, T.E.L.L., 1987, pg. 55.
[47] L. Berkhof. Teología Sistemática. México, T.E.L.L., 1987, pg. 55.

El siervo de Dios: Propósito de su ministerio

Dios producirá con su ministerio, que él mismo y los demás se sometan en libertad y en amor bajo el señorío de aquel que es el gran "Yo Soy".

## B. Da gloria

Otro de los propósitos del ministerio del 'Siervo de Yahvé" es que solamente Dios recibe la gloria y nadie más. Gloria, es la expresión de la excelencia del carácter y la perfección de los atributos de Dios, hecho manifiesto en toda la creación (Salmo 19:1; Habacuc 3:3). Esta gloria se revela principalmente en Cristo (Hebreos 1:3), quien la muestra a los hombres (Juan 1:14). Es apreciada en su nacimiento (Lucas 2:9,14), en su transfiguración (Mateo 17:1-8), en su muerte (Juan 7:39; 12:23-28; Hebreos 2:9), en su resurrección (Lucas 24:26) y ascensión (Hechos 3:13; 7:55; 1 Pedro 1:20). [48]

En sentido absoluto solo Dios es glorioso, solo en Él existe la hermosura de la santidad. En muchísimas partes de la Biblia se exhorta al pueblo de Dios a dar gloria a su nombre (Salmo 29:2; 115:1; Filipenses 4:20; Apocalipsis 7:12). Nuestra vida misma como cristianos, debe ser para la gloria de Dios (1 Corintios 10:31; 6:20).

El contexto de Isaías es el de la idolatría, y Dios está diciendo que sólo a Él le pertenece la gloria, y que no permitirá compartirlo con ningún otro dios creado por los hombres. Cristo se humilló, se hizo hombre, sufrió y murió en una cruz, por lo cual Dios lo exaltó y lo puso como único Señor y Salvador, pero notamos algo interesante: lo exaltó "para que toda lengua confiese que Jesús es el Señor, para gloria de Dios" (Filipenses 2:11).

Si Dios fue el salvador de Israel, también demanda de su pueblo la gloria, la adoración y la alabanza. El ministerio del Siervo de Yahvé produjo esto. Mateo 14:33; Marcos 2:12 y otros pasajes confirman esta verdad.

---

[48] Wilton M. Nelson. Diccionario ilustrado de la Biblia. Miami, Caribe, 1974; pg. 255.

El líder siervo

Muchos de los siervos de Dios hoy son los que reciben la gloria a causa de su exitoso ministerio. Muchos son endiosados, otros son considerados como lo máximo de la exposición bíblica o como un orador fenomenal. Dios aún hoy día sigue demandando para sí la totalidad de la gloria, como lo ha hecho desde un principio. Cuando leemos en los evangelios la entrada triunfal de Jesús a Jerusalén, una semana antes de su muerte, dice el relato bíblico que Jesús entró montado sobre un burro y que la gente lo aplaudía, vociferaba, cantaba y ponía palmas en el camino. Si hubiese sido al revés, si hubiese sido que el burro entrara montado sobre Jesús, es muy factible que la gente hubiese aplaudido al burro. Lo cierto es que hoy día hay muchos lideres "burros" que se montan sobre Jesús para ser aplaudidos y reconocidos por los hombres, pero se olvidan de que el único que se merece toda la gloria es Dios.

El ministerio del siervo de Dios hoy debe producir que hombres y mujeres glorifiquen el nombre de Dios. Juan el Bautista expreso: *"Es necesario que yo mengue para que Él crezca"*. Necesitamos mas Juan Bautistas hoy día que permitan que Cristo crezca. Alguien ha dicho que es más difícil permanecer en el éxito que tener éxito. Dios nos de la capacidad de mantenernos íntegros y humildes cuando la fama y el éxito nos alcance.

### C. Ofrece alabanza

Dios no acepta el hecho de que otros sean alabados (Isaías 42:8c). Él requiere para sí toda la alabanza. Notemos que a partir del versículo 10 de Isaías 42 hay una exhortación a que todos alaben al Señor. Es un canto triunfal porque Dios ha vencido sobre los ídolos y sobre los enemigos de su pueblo. Pero también notamos que ese canto triunfal viene luego de la presentación del "Siervo" y del desarrollo de su ministerio.

El Diccionario Bíblico, con respecto a la alabanza, dice lo siguiente: La alabanza es un aspecto de la adoración, en el cual se le rinde honor a Dios (2 Crónicas 7:3). Es el producto de la alegría santa (Salmo 9:1-2; 63:5; 100). La alabanza se expresa a veces con cánticos, música y danzas

El siervo de Dios: Propósito de su ministerio

(2 Crónicas 7:6; Salmo 28:7; 40:3; 95:1-2; 149:1-3; 150). Dios exige la alabanza (Salmo 50:14; Apocalipsis 19:5) y es digno de ella (2 Samuel 22:4; Salmo 48:1; 145:3), porque es único (2 Crónicas 6:14-15; Salmo 113). El es el gran "Yo Soy" (Isaías 42:8). Porque es bueno (Salmo 106:1; Jeremías 33:11), grande (1 Crónicas 16:25-26; Salmo 150:2), poderoso (1 Crónicas 29:11-13; Salmo 21:13), misericordioso (2 Crónicas 20:21; Salmo 57:9-10; 107:1; 138:2), y justo (Daniel 4:37; Salmo 7:17). Lo merece por sus obras (1 Crónicas 16:8-9; Salmo 78:4; 106:2; Isaías 25:1; Lucas 19:37) y por su palabra (Salmo 56:4,10). La alabanza surge espontáneamente frente a los milagros de Dios (Lucas 18:43; Hechos 3:8), sus dones (Daniel 2:23; Hechos 11:17-18) y su ayuda (Salmo 30:11-12; 109:30-31; 118:21). Los que alaban a Dios son generalmente sus siervos (Salmo 113:1), celestiales (Lucas 2:13-14; Salmo 148:2) y terrestres (Salmo 148:14; 149:1-2; Hechos 2:47; Romanos 15:8-11), de toda condición (Apocalipsis 19:5) y edad (Salmo 148:12; Mateo 21:16). Pero también le glorifican los pueblos y las naciones (Salmo 67:3-5; 117:1), los reyes (Salmo 138:4; 148:11), la creación (Salmo 69:34; 145:10; 148:3-10), y todo lo que respira (Salmo 150:6). La alabanza ocupará eternamente al pueblo de Dios (Salmo 30:12; 79:13; 84:4). [49]

Cuando el siervo de Dios comprende que Dios se merece toda la alabanza y que es el único a quien hay que adorarlo, y así lo hace, entonces transmitirá ese sentir al pueblo de Dios y tratará de que ello se haga realidad en sus vidas y, por lo tanto, alaben al Señor.

No puede haber verdadero pueblo de Dios si no hay una verdadera alabanza, un verdadero conocimiento y reconocimiento de quien es Dios. Cuando comprendemos lo mucho que Dios hizo por nosotros, es entonces que nuestro corazón es motivado para alabarlo, glorificarlo y adorarlo.

Los propósitos del ministerio del siervo de Dios hoy, al igual que lo fue del "Siervo de Yahvé", son que Dios sea reconocido como único y verda-

---

[49] Wilton M. Nelson. Diccionario ilustrado de la Biblia. Miami, Caribe, 1974; pg. 18.

El líder siervo

dero Dios y que toda la gloria y la alabanza sean dirigidas a Él eternamente. Dispón tu vida para que sea una continua alabanza al Dios que te ha creado y te ha llamado a ser parte de su ejército.

# Conclusión

A medida que los cristianos examinamos el mundo de hoy y nos concientizamos de la gran necesidad de terreno que Cristo desea ganar por medio nuestro, también necesitamos ser conscientes de la gran necesidad de verdaderos líderes siervos que están haciendo falta. La iglesia de Cristo no solo tiene una crisis de fe y/o de innovación, sino que la gran crisis que estamos teniendo es la necesidad de mas lideres siervos, lideres que piensen en los demás y en el Reino y menos en sí mismos.

Lo visto en estos breves capítulos ha sido un intento de presentar un modelo de siervo para el día de hoy. También ha sido un intento de redescubrir el por qué de nuestros sufrimientos y tratar de redimirlos para el beneficio del Reino. Dios nos ha dejado un modelo, un ideal o una meta a la cual debemos apuntar. Aunque no lleguemos a la cúspide, de todos modos: "bienaventurados todos los que se acercan a ese ideal o meta". Tiempo atrás escuche decir que debemos apuntar a llegar a las estrellas, aunque quizás solo lleguemos a la luna; pero si no hubiésemos apuntado a las estrellas, nunca hubiésemos llegado a la luna.

Al comienzo dijimos que en Jesús se cumplió la visión del "Siervo de Yahvé" que el autor de los cánticos o poemas pudo ver. Así como Cristo encarnó en su propia vida ese ideal, el desafío es que cada siervo/a de Dios hoy encarne en su propia vida y/o ministerio el modelo de Jesús y la persona de Jesús.

El líder siervo

Creo que el cristianismo está lleno de superestrellas del evangelio y lo que más se está necesitando es simplemente siervos que estén dispuestos a sufrir la humillación, la incomprensión, la soledad y el dolor, para que de esa manera puedan comprender el dolor ajeno que cada día va en aumento. Mientras termino de escribir estas páginas, me encuentro en una ciudad del interior del Perú, enseñando un curso sobre liderazgo a un grupo de hombres y mujeres de diferentes denominaciones. Pero confieso que llegué a este país con parte de mi corazón destruido, viviendo justamente un tiempo de humillación, soledad e incomprensión. Gran parte de este material lo pase en limpio en mis horas libres allí y debo reconocer que una vez más recordar estos principios me animaron, me hicieron recordar que el Dios a quien sirvo no es igual a los hombres.

Aunque me cueste reconocer y me duela, debo admitir que el siervo de Dios hoy también necesita ser experimentado en quebranto para poder de esa manera comprender a los demás quebrantados por el pecado y las injusticias reinantes. Con la confianza de la presencia de Dios en su vida, con la seguridad de que Dios lo ha escogido, debe acercarse a su presencia en busca de aguas frescas para sus ovejas.

Obediencia y fidelidad en el servicio es lo que Dios demanda. Su éxito Dios lo medirá en esto. Con esa disposición, salgamos al campo de batalla sin importar las trabas que el enemigo quiera ponernos en el camino; puestos los ojos siempre al frente, sin retroceder, sin flaquear, dispuestos a obtener el premio mayor que Dios tiene para cada uno de nosotros.

Quiera Dios que muchos siervos de Él hoy fueran solicitados no por ser predicadores fenomenales, sino por ser sencillamente siervos en el amplio significado de la palabra. El camino está marcado para llegar a la meta y al dirigirnos hacia allí, no olvidemos que Dios es el único que debe ser reconocido como Señor, que la gloria y la alabanza son únicamente para el que vive por los siglos de los siglos. Amén.

# Bibliografía

Antiguo Testamento II. *Apuntes de clase del Dr. Esteban Voth*. Año 1984
Berkhof, L. *Teología Sistemática*. *México* T.E.L.L.m 1987. 935 pg.
Dufour, León X. *Diccionario del Nuevo Testamento*. Madrid, Cristian dad, 1977. 476 pg.
McKibben, Jorge Fitch. *Nuevo léxico griego-español del Nuevo Testamento*. E.U.A. Casa Bautista de Publicaciones, 1978. 305 pg.
Nelson, Wilton N. *Diccionario ilustrado de la Biblia*. Miami, Caribe, 1974. 704 pg.
Nowen, Henri J. M. *El sanador Herido*. España, Doubleday, 1998. 118 pg.
Profesores de Salamanca. *Biblia comentada*. Madrid, Biblioteca de autores cristianos, 1967. 1348 pg.
*Publicaciones del seminario "Juan Calvino"*. Revista teológica. México, Talleres de tipografía indígena, 1977. 35 pg.
Schökel, L. Alonso y. L. Sicre Diaz. *Profetas* I. Madrid, Cristiandad, 1980. 653 pg
Swindoll, Charles R. *Desafío a servir*. Puerto Rico, Betania, 1983. 210 pg.
Von Allmen, Jean-Jacques. *Vocabulario Bíblico*. Madrid, Ed. Marova, 1968. 365 pg.
Van Imschoot, P. *Teología del Antiguo Testamento*. Madrid, Ed. Fax, 1969. 842 Pg.
Von Rad, Gerhard. *Teología del Antiguo Testamento Vol. II*. Salamanca, Sígueme, 1976. 567 pg.
Westerman, Jenni. *Diccionario Teológico Manual del Antiguo Testamento*, Tomo I y II. Madrid, Cristiandad, 1985. 1328 Pg.

Los textos bíblicos han sido tomados de La Biblia de las Américas. Editorial Fundación Casa Editorial para la Fundación Bíblica Lockman. 1986.

# Apéndice A

Como usar este libro para estudiar en grupo

# Apéndice A
# Como usar este libro para estudiar en grupo

Una de las características de este libro es que puede usarse como texto de estudio en una clase de discipulado. Puede tratarse de una reunión casera, una clase de escuela dominical, una reunión de oración, estudio bíblico en la iglesia o cualquier otro tipo de grupo de cristianos que se juntan para edificar su fe. Para tal propósito, hemos incluido los elementos que el maestro necesita para organizar y guiar las clases.

**Características de la enseñanza en grupo**

El adulto aprende mejor cuando investiga y comparte con otros sus descubrimientos. A la vez, se siente más motivado cuando aprende cosas que le resultan prácticas. Pero como la disciplina de la investigación y el análisis es difícil de adquirir por cuenta propia, necesita ser estimulado por otros. Una buena manera de encarar el estudio bíblico es mediante la lectura de un libro y la participación activa de una discusión acerca del contenido del mismo. Para desarrollar este método de estudio es necesario tener en cuenta algunas cosas para el desarrollo de las clases. Es necesario que el maestro o líder del grupo se las haga saber a los integrantes.

Cada integrante debe tener una copia del libro. Para el propósito de investigar y compartir en grupo es de utilidad que cada alumno tenga un ejemplar del libro. También podría arreglárselas con una copia de la biblioteca o un ejemplar que le presten, pero si el alumno tiene su propio libro, gozará de algunos beneficios: podrá subrayar las frases que lo impactan, marcar secciones que le parezcan importantes, escribir comentarios en el margen y anotar al final de cada capítulo las preguntas que se le ocurran y que más tarde podrá compartir con la clase.

Cada integrante debe leer el capítulo antes de la clase o reunión. Para que todos puedan participar activamente en la clase, es necesario que

El líder siervo

cada uno haya leído con atención el capítulo correspondiente. El diálogo se realizará en torno al contenido del capítulo, así que si alguno no lo conoce, no podrá aprovechar bien el encuentro.

Cada integrante debe responder las preguntas antes de la clase. Al final de cada capítulo aparece una serie de preguntas que el alumno debe responder antes de ir a la clase o reunión. Algunas de esas preguntas se refieren al contenido del capítulo, mientras que otras son de reflexión o aplicación personal. Las preguntas tienen como objetivo que el alumno aprenda los principios fundamentales que se tratan en el capítulo.

Cada integrante puede anotar las preguntas o comentarios que haya surgido de la lectura del capítulo. De la lectura detenida y atenta al texto, posiblemente surgirán preguntas o comentarios. Lo más apropiado es anotar en un cuaderno aparte todas las preguntas que surgen porque, de otra manera, lo más probable es que cuando llegue la hora de la reunión, el alumno se las haya olvidado. Como en las clases o reuniones se trata de compartir y discutir, todas las preguntas y comentarios son de provecho.

**Como organizar y dirigir la reunión**

Es importante que el maestro o líder del grupo de estudio tenga en claro como organizar al grupo y dirigir la reunión. No nos proponemos dar un curso de cómo ser un maestro, pero sí sugerir algunas pautas generales que pueden tomarse en cuenta.

*El horario.* Es necesario que las reuniones comiencen y terminen a horario. Si la clase se desarrolla como parte de una escuela dominical o academia bíblica, ya estará estipulado que tendrá para el desarrollo. Si la reunión se hace en una casa o en algún otro lugar, el líder del estudio es el responsable de comenzar y terminar las reuniones a horario.

*El lugar.* La reunión puede realizarse en cualquier lugar, siempre y cuando todos se sientan cómodos y tranquilos. Si la clase es parte del

## Como usar este libro para estudiar en grupo

programa de Escuela Dominical de la iglesia, posiblemente tendrán un aula asignada. En el caso en que la clase esté formada por un grupo de hermanos que se reúnen fuera del horario establecido los domingos, pueden juntarse en una casa, en un aula de la iglesia o en el templo mismo. Lo importante es que sea un lugar estratégicamente ubicado, de fácil acceso por transporte público. Si la reunión se realiza por la noche, hay que tomar en cuenta la seguridad del barrio, para que no sea peligroso para los hermanos regresar a sus hogares. Si la mayoría va en auto a la reunión, es importante que sea fácil conseguir lugar cerca para estacionar.

*El tiempo.* Para desarrollar las clases con comodidad, se necesitarán aproximadamente cuarenta y cinco minutos como mínimo. Si, además, desean pasar algún tiempo para orar o cantar alabanzas al Señor, la reunión se extenderá.

*El orden.* No hay una estructura fija que deba tener la clase o reunión, pero aquí se propone una que puede funcionar bien y que se adecua a las actividades sugeridas en este libro:

- Bienvenida y oración (diez minutos)
- Los alumnos exponen las respuestas a las preguntas de cada capítulo (treinta minutos).
- Cierre y oración final (cinco minutos)

**Pautas generales para guiar la discusión**

Si en la clase todos tienen la oportunidad de expresar su opinión y descubrimientos sobre el capítulo, los alumnos aprenderán más y la clase será más amena. No es fácil guiar una discusión, pero hay algunas pautas que pueden ser de ayuda.

*Buscar la opinión de todos.* Para que la clase sea de beneficio para todos, es importante que cada uno tenga la oportunidad de expresarse con libertad. La opinión de todos no sólo debe ser valorada, sino que debe

El líder siervo

ser esperada y estimulada. En todo grupo es natural que algunos hablen más que otros. Aunque lo ideal sería que todos participaran de igual manera, tal cosa no es posible en la práctica, fundamentalmente porque las personas son distintas entre sí y, por lo tanto, actúan de acuerdo con su personalidad. Pero aun así, es esperable que todos, en mayor o menor medida, participen activamente en la discusión.

*Cómo estimular la participación de los más tímidos.* El maestro o líder del grupo de estudio es el encargado de estimular a los más callados para que participen. Cuando hay algún alumno (o algunos) que monopolizan la conversación en la clase, el maestro puede estimular la participación de los demás con la siguiente pregunta: ¿Qué piensan los demás? ¿Qué opinan sobre lo que dijo ....................? A veces, es necesario pedir al "hablador" que no siga hablando para dar lugar a los que no han participado. También el maestro o líder puede solicitar por nombre la participación de algún integrante.

*La aplicación práctica.* En la reunión deben pensar y discutir acerca de la aplicación práctica que tiene lo que han leído. Entre las preguntas que figuran al final sobre cada capítulo del libro, hay algunas orientadas a la aplicación personal de la enseñanza.

Como usar este libro para estudiar en grupo

# Preguntas para conversar
## Capítulo 1

1. Según el autor, ¿cuáles son los requisitos básicos para ser un líder cristiano?

2. ¿Qué trilogía propone el autor para analizar la persona del siervo?

3. A tu modo de ver, ¿cuáles son algunos de los peligros en el desarrollo del liderazgo cristiano?

4. ¿Qué es lo que a Dios más le interesa de tu persona?

## Preguntas para conversar
## Capítulo 2

1. ¿Qué has descubierto al leer "los cánticos del siervo sufriente" de Isaías?

2. ¿Qué significa el término "siervo"?

3. ¿Por qué se puede afirmar que Jesús quiso modelar su vida según Isaías 53?

4. ¿Qué diferencia encuentras entre tu ministerio y el que relata Isaías?

Como usar este libro para estudiar en grupo

# Preguntas para conversar
# Capítulo 3

1. Según el autor, ¿cuáles son los requisitos para el siervo de Dios?

2. ¿Qué connotaciones tiene la palabra "escoger" según el capítulo?

3. ¿Cuál es la diferencia entre "voluntariado" y "llamado"? ¿Cómo se puede ayudar a las personas a reconocer su "llamado"?

4. ¿Qué características tiene que tener el siervo para que Dios se complazca en él?

5. ¿Cuándo has sido llamado por Dios? ¿Tienes la certeza de servir en el lugar correcto?

## Preguntas para conversar
## Capítulo 4

1. Según el autor, ¿qué características debe tener el ministerio del siervo?

2. ¿Consideras que el tono de voz debe ser igual para con todas las personas? ¿Quiénes necesitan un modo diferente y por qué?

3. En la tarea del líder: ¿cuáles pueden ser los obstáculos que lo desalienten? ¿A quién puede recurrir el siervo para encontrar ánimo y apoyo?

4. ¿Cuáles pueden ser los "heridos" en una congregación? ¿Cuál debe ser la actitud del siervo para con ellos?

5. En tu iglesia ¿qué se hace concretamente para restaurar a una persona?

Como usar este libro para estudiar en grupo

# Preguntas para conversar
# Capítulo 5

1. Según el autor, ¿cuáles son las bases para que el ministerio del siervo tenga autoridad?

2. A tu criterio ¿qué es más difícil: hablar o escuchar? ¿Qué consejos hay acerca de la escucha?

3. ¿Qué debe significa la palabra siervo para la vida de las personas?

4. ¿Cuáles crees que son tus impedimentos para escuchar la voz de Dios?

5. ¿Qué te ha mostrado el Señor en tus tiempos a solas con él?

## Preguntas para conversar
## Capítulo 6

1. ¿Cuáles pueden ser los sufrimientos más comunes de un siervo de Dios?

2. A tu modo de ver, ¿por qué el mundo rechaza a quienes viven los valores del Reino?

3. Según el autor, ¿cómo puede redimir el líder sus aflicciones, y de qué manera puede Dios usarlas?

4. ¿Qué versículos te sostuvieron en tiempos de dolor y qué aprendiste del Señor?

Como usar este libro para estudiar en grupo

# Preguntas para conversar
# Capítulo 7

1. ¿Qué significa "traer justicia a las naciones"?

2. ¿Cuál es la libertad que le propone Dios al hombre? ¿Hay una aparente contradicción?

3. ¿Cuáles son las diferentes acepciones de la palabra "luz" que muestran el propósito que tiene Dios para con sus hijos?

4. ¿Cómo entiende el autor el concepto de santidad? ¿Por qué el hombre encuentra en Cristo la sanidad integral?

5. ¿De qué maneras puedes ser luz en tu familia, en tu trabajo y con tus vecinos?

## Preguntas para conversar
## Capítulo 8

1. Según el capítulo, ¿cuáles son las promesas que se relacionan con la fidelidad de Dios y cuáles dependen de nuestra fidelidad?

2. ¿Qué significa la palabra "pacto" y por qué el siervo puede ser puesto como pacto para el pueblo?

3. ¿Cómo se entiende el concepto de "prosperidad" en la vida del siervo?

4. El capítulo menciona dos pasajes de Deuteronomio, con respecto a la prosperidad. ¿Cuál de las bendiciones mencionadas has experimentado en este último tiempo?

Como usar este libro para estudiar en grupo

# Preguntas para conversar
# Capítulo 9

1. Al fin y al cabo ¿cuál es el propósito final del ministerio del siervo?

2. ¿Qué profeta expresó: *"es necesario que yo mengüe para que Él crezca"*? ¿Cómo se cumplió esta palabra en su vida?

3. ¿Qué has descubierto acerca de la alabanza, según la descripción del capítulo?

4. ¿De qué manera puedes invitar a otros a rendir honra y gloria a Dios?

**Nuestra Misión es Impactar positivamente en el desarrollo
y la mejora de la gestión pública y privada,
brindando calidad, confianza y transparencia.**

Somos una empresa con Palabra fundada en
valores cristianos que garantiza calidad,
confianza y transparencia en su gestión.

Tenemos como objetivo principal impactar positivamente
en la comunidad y en el desarrollo de todos
los sectores involucrados en la gestión
empresarial y emprendedora.

Nuestros servicios están orientados
a todos los sectores empresariales
y de la comunidad nacional e internacional.

Brindamos soluciones y herramientas para impulsar
el crecimiento y desarrollo contínuo
a través de análisis, asesorías, consultorías
y capacitaciones estratégicas.

www.consultoradelmonte.com.ar

www.ingramcontent.com/pod-product-compliance
Lightning Source LLC
Chambersburg PA
CBHW070517100426
**42743CB00010B/1842**